职业教育提质培优人文素养系列丛书

悦读，致以书香蕴匠心

（第一册）

占百春　杨　平　孙小建　主　编

中国商业出版社

图书在版编目（CIP）数据

悦读，致以书香蕴匠心. 第一册 / 占百春，杨平，孙小建主编. -- 北京：中国商业出版社，2024. 7.

（职业教育提质培优人文素养系列丛书）. -- ISBN 978-7-5208-2976-2

Ⅰ. G40-012

中国国家版本馆CIP数据核字第2024SJ8905号

责任编辑：管明林

中国商业出版社出版发行

（www.zgsycb.com 100053 北京广安门内报国寺1号）

总编室：010-63180647 编辑室：010-83114579

发行部：010-83120835/8286

新华书店经销

句容市排印厂印刷

*

787毫米×1092毫米 16开 12.75印张 230千字

2024年7月第1版 2024年7月第1次印刷

定价：46.00元

****

（如有印装质量问题可更换）

职业教育提质培优人文素养系列丛书
悦读，致以书香蕴匠心

编写指导委员会

编委会主任：

占百春（苏州高等职业技术学校）

编委会成员（按姓氏笔画排序）：

王　炯（江苏省吴中中等专业学校）

王惠新（张家港市第二职业高级中学）

刘　萍（江苏省吴中中等专业学校）

许夕根（江苏省姜堰中等专业学校）

孙小建（江苏省高港中等专业学校）

杨　平（徐州开放大学/江苏省徐州市中等专业学校）

邹　燕（苏州高等职业技术学校）

周拥军（张家港市第二职业高级中学）

唐兴杰（江苏省兴化中等专业学校）

彭敏玲（淮安生物工程高等职业学校）

蒋金虎（江苏省淮阴中等专业学校）

韩卫红（盐城机电高等职业技术学校）

滕道明（江苏省徐州市张集中等专业学校）

前言

为什么要阅读？一本书一个世界，一次阅读就是一次心灵的旅行，我们在字里行间，总会找到心灵的营养、精神的力量和向上向善的动力。因为阅读，我们不断成为更好的自己；因为阅读，人类不断创造更美好的世界。

我们自“从前慢”的纸书时代，一路飞奔，跃入读“屏”时代，用“输写”替代“书写”，依然需要让诵读经典成为习惯，用芸芸书香绘就未来。经过历史积淀而流传下来的经典，承载着闪耀的思想观念与价值取向，饱含着丰厚的人生哲理与人文内涵，深蕴着炽热的理想信仰与家国情怀，好似一盏长燃的明灯，指引我们感悟人生、贴近真理、豁然开朗，找到属于自己的人生目标。

尤其是中华传统经典，每一个汉字，横平竖直皆风骨、撇捺飞扬是血脉，承载着中华民族悠久的历史和灿烂的文化，更是中华民族精神的赓续传承。

中职教育的目标是培养德智体美劳全面发展，具有综合职业能力，在生产、服务、技术和管理第一线工作的高素质劳动者和技能型人才。立德树人是中职教育的根本任务，旨在培养中职学生爱党爱国、传承匠心、敬业奉献的高尚情怀与优秀品质，培育中职学生的劳模精神、劳动精神、工匠精神。

利用晨读时间开展诵读活动，通过观其文、发其言、闻其声、悟其意、感其情的阅读方式，引导学生用快乐的心去阅读，品味生活的滋味，体验生命的美好，实现阅读的更高境界——在悦读中享受乐趣、感悟人生、获得成长。

年少时的阅读广度，决定了日后的精神高度。“少而好学，如日出之阳。”一个民族的未来，寄希望于青春的力量。

本丛书是基于中职学生学情而选编的适用于晨读或课外阅读的人文素养读本。选文立足中华文化经典篇目，兼顾现当代优秀作品，古今并蓄、中外兼具、题材广泛、文体多样、篇幅适中、文质兼美、诵读性强，既注重传统文化内涵，又体现当今时代精神。目的在于引导学生把阅读作为一种习惯养成、一种生活方式，将其内化为知行合一的终身学习能力，拓展未来人生的无限可能。

丛书共四册，书名统一为《悦读，致以书香蕴匠心》，以第一册、第二册、第三册、第四册标识。定性为职业院校读本，各板块主题起始于“德”、落脚于“志”，依次为“大道至简　德行天下”“方圆相宜　行稳致远”“致福成义　礼达四方”“业道酬精　志存高远”，四册一以贯之。依据学期时序和学生认知发展规律，丛书思想性逐册提升。

各单元编写体例依次为诵读主体、知人论世、阅读鉴赏、思考寄语四个部分，即诵读作品、了解作者或作品背景、阅读鉴赏旨要、提炼思想精华并予以寄语。

本丛书由江苏省淮阴中等专业学校、盐城机电高等职业技术学校、苏州高等职业技术学校、江苏省兴化中等专业学校、淮安生物工程高等职业学校、江苏省姜堰中等专业学校、江苏省高港中等专业学校、徐州开放大学（江苏省徐州市中等专业学校）、江苏省徐州市张集中等专业学校、江苏省吴中中等专业学校、张家港市第二职业高级中学11所学校（排名不分先后）联合编纂，具体分工如下。

第一册：主编为占百春（苏州高等职业技术学校）、杨平（徐州开放大学/江苏省徐州市中等专业学校）、孙小建（江苏省高港中等专业学校）；副主编为刘萍（江苏省吴中中等专业学校）、岳智宇（淮安生物工程高等职业学校）、崔益银（盐城机电高等职业技术学校）、蔡锐（张家港市第二职业高级中学）。

第二册：主编为唐兴杰（江苏省兴化中等专业学校）、蒋金虎

（江苏省淮阴中等专业学校）、韩卫红（盐城机电高等职业技术学校）；副主编为马全德（江苏省徐州市张集中等专业学校）、邓韵青（江苏省姜堰中等专业学校）、王敏（江苏省高港中等专业学校）、孙冬芳（淮安生物工程高等职业学校）。

第三册：主编为许夕根（江苏省姜堰中等专业学校）、滕道明（江苏省徐州市张集中等专业学校）、邹燕（苏州高等职业技术学校）；副主编为张军常（江苏省徐州市中等专业学校）、李倩（苏州高等职业技术学校）、张珺（江苏省高港中等专业学校）。

第四册：主编为刘萍（江苏省吴中中等专业学校）、王惠新（张家港市第二职业高级中学）、彭敏玲（淮安生物工程高等职业学校）；副主编为厉开选（江苏省淮阴中等专业学校）、张良鹏（盐城机电高等职业技术学校）、卞连荣（江苏省兴化中等专业学校）。

参编人员（排名不分先后）：邓琦、张亚（江苏省淮阴中等专业学校）；潘良钰、陈蓓蓓、王春香（盐城机电高等职业技术学校）；庞瑞红、谭怡、丁雯、张虎（苏州高等职业技术学校）；薛兰、茆红缨、潘丽、钱海波（江苏省兴化中等专业学校）；江伟、王静、李凌芬、李倩倩（淮安生物工程高等职业学校）；叶郁、夏剑、赵晓源、孙小云（江苏省姜堰中等专业学校）；居国容、吉云、薛玲玲、栾丽（江苏省高港中等专业学校）；赵刚、王浩、夏文（江苏省徐州市张集中等专业学校）；戴晓园、吕甜甜、陈媛媛、陈习（徐州开放大学/江苏省徐州市中等专业学校）。

编　者

2024年5月

目录

大道至简　德行天下

方圆相宜　行稳致远

致福成义　礼达四方

业道酬精　志存高远

大道至简
德行天下

1 论语·学而（节选）

诵读主体

子曰："学而时习之，不亦说乎？有朋自远方来，不亦乐乎？人不知而不愠，不亦君子乎？"

知人论世

《论语》成书于春秋战国之际，由孔子的学生及其再传学生记录整理。《学而》是《论语》第一篇的篇名。《论语》中各篇一般是以第一章的前二三个字为该篇的篇名。《学而》一篇包括16章，内容涉及诸多方面。

阅读鉴赏

译文：

孔子说："学了又时常温习和练习，不是很愉快吗？有志同道合的人从远方来，不是很令人高兴的吗？人家不了解我，我也不怨恨、恼怒，不也是一个有德的君子吗？"

这段话我们也可以这么理解：自己的想法要是被集体采用了，那就太快乐了；退一步说，要是没有被集体所采用，可是很多朋友赞同我的想法，纷纷到我这里来讨论问题，我也感到快乐；再退一步说，即使集体不采用，人们也不理解我，我也不怨恨，这样做，不也是君子吗？

《论语·学而》中这章是我们非常熟悉的。宋代著名学者朱熹说它是"入道之门，积德之基"，对此章评价极高。本章提出以学习为乐事，做到"人不知而不愠"，反映出孔子学而不厌、诲人不倦、注重修养、严格要求自己的主张。这些思想主张贯穿《论语》始终，是孔子思想的核心局部。我们也应该学习这种乐观向上的精神。

思考寄语

孔子是我国古代伟大的思想家和教育家，是儒家学派的创始人，对我国古代的文化教育事业作出了伟大的贡献。孔子在近三十岁时就开展教育活动，首先创设儒家“私学”，相传其弟子达三千余人，成名者有七十二人。他的教育思想、教育理念影响了中国几千年。这一章告诉所有学习的人如何学习，“学而时习之”，是人生的起点。这里提醒我们，正是通过学习，人才得以学会生活，学会与他人一道生活，学会如何面对一切。

2 一个永恒的范仲淹

诵读主体

山东青州为中国最古老的行政区之一。当年大禹治水后将中国分为九州，即有青州，禹贡图上有记。现在人们到青州来，主要有两件事，一是上山“拜寿”，二是到城里凭吊范仲淹。出青州城南五里，有一山名云门山。自山脚下遥望山顶，崖上隐隐有一寿字，这就是人们要来看的奇迹。一条石阶小路折转而上，两边一色翠柏，枝枝蔓蔓，撒满沟沟壑壑。树并不很粗，却坚劲挺拔，都生在石上。树根缘石壁而行，如闪电裂空；树干破石而出，如大迎风。偶有一两株树直挡路中，那是修路时不忍斫损，特意留下的，树皮已被游人摸得油光。环视四周，让人感到往日岁月的细密。片刻我们爬到半山望寿阁，在这里小憩，山顶石壁上的大红寿字已历历在目。

这是世界上最大的寿字，是书法的精品、极品，日本的书道专家还常渡海西来顶礼膜拜呢。这是明代嘉靖三十九年，青州衡王为自己祝寿时所刻，距今已四百多年。山上残雪未消，我在料峭春风中，细细端详这个奇迹。这字高七点五米，宽三点七米，也不知当初是怎样写上去、刻出来，却又这样不失间架结构，点画笔意。这衡王创造了奇迹，但他当时的目的并不为艺术。衡王刻字希冀自己长寿百岁，同时也向老百姓摆摆皇族的威风。但是数代之后衡王府就被抄家，命不能永存，威风也早风吹雨打去。倒是这个有艺术价值的寿字，寿到如今。从山上下来，到青州城西去谒范公祠。这是人们为纪念北宋名臣范仲淹所修，千年来香火不绝。这祠并不大，大约就是两个篮球场大的院子。院心有一井，名范公井，传为范公所修。这井水也不一般，清冽有加，传范仲淹用此水调成一种“青州白丸药”，治民痼疾，颇有奇效。如同情人的信物，这井成了后人怀念范公的依托。宋人有诗云：“甘清汲取无穷已，好似希文昔日心。”（范仲淹字希文）现在这井还水清如镜。

正东有祠堂，有范公像及其生平壁画。祠堂左右供欧阳修和富弼，他们都是当年推行庆历新政时的主持。院南有竹林一片，翠竹千竿，蔚然秀地灵之气。竹后有碑廊，廊中刻有范公的名文《岳阳楼记》。院心有古木三株，为唐楸宋槐，可知这祠的久远。树之北有冯玉祥将军的隶书碑联：“兵甲富胸中，纵教他虏骑横飞，也怕那范小老子；忧乐观天下，愿今人砥砺振奋，都学这秀才先生。”这两句话准确地概括了范公的一生。范仲淹从小丧父，家境贫寒。他发愤读书，早起煮一小盆粥，粥凉后划为四块，这就是他一天的饭食。以后他科举得官，授龙图阁大学士，为政清廉，且力图革新。后来，西夏频频入侵，朝中无军事人才，他以文官身份统兵戍边，大败敌寇。西夏人惊呼“他胸中自有雄兵百万”，边民尊称为“龙图老子”。连皇帝都按着地图说：“有仲淹在，朕就不愁了。”后又调回朝中主持庆历新政的改革，大刀阔斧地除旧图新，又频繁调各地任职，亲自推行地方政治的革新。无论在边防，在朝中，在地方，他总是“进亦忧，退亦忧”。其忧国忧民之心如炽如焰。范仲淹是一个诸葛亮、周恩来式的政治家，一生主要是实践，他按自己认定的处世治国之道，鞠躬尽瘁地去做，将全部才华都投身到处理具体政务、军务中去，并不着意为文。不是没有文才，是没有时间。

宋仁宗皇祐三年（1051），范仲淹到青州任知府，这是他的官宦生涯也是人生旅途的最后一站。第二年即病逝了。《岳阳楼记》是他去世前七年，因病从前线调内地任职时所作。正如《出师表》一样，这是一个伟人后期的作品，也是他一生思想的结晶。我能想见，一个老人在这小院中，在井亭下、竹林中是怎样地焦躁徘徊，自责自求，忧国忧民。他回忆着"人不寐，将军白发征夫泪"的戍边生活；回忆着"居庙堂之上"，伴君勤政的艰辛；回忆赈灾放粮，所见到的平民水火之苦，他总结历代先贤和自己一生的政治阅历，终于长叹一声："先天下之忧而忧，后天下之乐而乐。"这声大彻大悟的慨叹如名刹大庙里的钟声，浑厚沉远，震悟大千。这一声长叹悠悠千年，激励着多少志士仁人，匡正了多少仕人官宦。

《岳阳楼记》并不在岳阳楼上所作，洞庭湖之大观当时也不在先生眼前。可以说这是一篇借题发挥之作。范公将他对人生、社会的理解，将他一生经历的政治波涛，将他胸中起伏的思潮，一起借洞庭湖的万千气象，倾泻而出，然而又顿然一收，总成这句名言，化为彩虹，横跨天际，光照千秋。

我在院中徘徊，面对范公、欧阳公和富公的神位，默想千年古史中，如他们这样职位的官员有多少，如他们这样勤勉治事的人又有多少，但为什么只有范仲淹才教人千年永记，时时不忘呢？我想，个人只有辛苦的实践，诚实的牺牲还不行，这些只能随寿而终，只能被同时代的人理解。更重要的是，他要能创造一种精神，能提炼出一种符合民心，符合历史规律的思想。是那句"先天下之忧而忧，后天下之乐而乐"的名言，是这种进步的忧乐观使范仲淹得到了永恒。

春风拂动唐楸宋槐的新枝，翠竹摆动着嫩绿的叶片，这古祠在岁月长河中又迈入新的一年。范公端坐祠内，默默享受这满院春光。

知人论世

梁衡，1946年出生，现任《人民日报》副总编辑、中国人民大学新闻学院博士生导师、人教版中小学教材总顾问等职。其代表作品有《没有新闻的角落》《新闻绿叶的脉络》《新闻原理的思考》等。

阅读鉴赏

作者瞻仰范公祠，先从祠中的井水写起，以水的清澈来衬托范仲淹的为政清廉。

接着第3段中作者引用冯玉祥将军的隶书碑联，概括了范仲淹军事上的指挥才能和政治上的治国才能，并领起对范仲淹一生功绩的回顾。写西夏人的惊呼、边民的称呼、皇帝的话，又侧面表现了范仲淹治军的严明、军事才能的出众、对国家的忠诚，突出了范仲淹的人格魅力。

梁衡文章取名“永恒”的范仲淹，范仲淹为什么会“永恒”呢？是因为他辛苦的实践、伟大的牺牲精神、忧国忧民的崇高品质符合民心，符合历史规律，因此他将会永载史册，永远被人们纪念。

梁衡先生以淘金人的精神和智慧，以雕塑大师的手法，在茫茫史海和人海中，精筛细选，去粗取精，为我们昭示了一位智者的情怀。

思考寄语

范仲淹之所以能“永恒”，是因为有传世名作《岳阳楼记》，有“不以物喜，不以己悲”的宽阔胸怀，有“先天下之忧而忧，后天下之乐而乐”的远大抱负，有“鞠躬尽瘁，死而后已”的伟大精神。而他为百姓调治“青州白丸药”，关注百姓疾苦的行为，为政清廉、力图革新的品质，以文官身份统兵戍边并大败敌军的壮举，也都是使他能够“永恒”的原因。我们要学习的正是他的家国情怀。

3 风雪夜归人

诵读主体

三十多年前，父亲在离家三十里路的地方上班，他每天骑自行车往返。

冬日的天，像个面无表情的冷面人。寒气阵阵，天空透着捉摸不透的意味。父亲抬头望了几次天，说："这天阴了好几天，雪也没下，我还是去吧。厂里一大堆事，耽搁不得。"母亲说："下雪了咋办，还是别去了。"父亲犹豫了一下，推起车子出了家门。

过了一会儿，天阴得更沉了。没多久，雪纷纷扬扬地下起来。母亲叹口气说："让你爸别去上班，他偏不听，下雪了还咋回家！"父亲轻易不会歇班，他挣的钱要供我们一家开支呢。

到了下午，雪已经积了厚厚的一层。"雪越下越大，你爸可咋回来呀！"母亲语气里有明显的担忧和焦虑。"我爸今天也许不回来，听他说那里有住的地方。"我安慰母亲。

黄昏时分，雪渐渐小了，但地上的雪更厚了，脚踩上去立即陷出深深的窝，每走一步都很吃力。我问母亲："我爸今天不回来了吧？"母亲无比笃定地说："回来！他肯定回来！"夜色笼了过来，母亲站在门口翘首遥望，可路上连个人影也看不到。冰天雪地，我在呼啸的风中瑟缩着，感觉要被冻成一根冰棍。"妈，回家等吧！"我开口说话时，牙齿都要打战。母亲却目光专注地遥望着村口，一声不吭。她在雪花飞扬中保持着一成不变的姿势和表情，那姿势和表情像雕像一般肃穆。忽然，母亲说："走！回家做饭，你爸回来得吃上热乎饭！"

母亲认定，父亲一定会回来。我跟着母亲在屋子里忙碌起来。小小的屋子里，炉火烧得正旺，温暖弥漫着，与屋外的世界形成强烈的反差。她嘱咐我在炉火上烧开水："多烧点开水，你爸回家时，得赶紧让他用热水洗洗，暖和暖和。”灶火上熬着红薯粥，母亲开始切白菜、切豆腐、洗粉条，她要做父亲最爱吃的大炖菜。

屋子里的饭菜香味弥漫着，妹妹饿得叫起来：“妈，我要吃饭，爸爸今天肯定不回来。”夜色漆黑，别人家已经过了晚饭时间，可父亲还没有回来。母亲的态度依旧坚定：“你爸一定会回来的，再等会儿！”我和妹妹围着炉火，静静等待。母亲则一趟趟往外面跑，脸上的表情越来越焦虑。

后来母亲不再出门去，但眉头紧锁着，她的焦虑在升级。就在我们都等得心烦意乱的时候，屋门“吱呀”一声开了。“爸爸回来啦！”妹妹喊起来，我和母亲也一跃而起。我们面前的父亲，简直成了雪人！他衣服上都是雪，眉毛、胡须上也都是雪，整个人都是白的。“三十里地，我一步步走回来的！”父亲开口说话时，嘴巴像被冻僵了一般。母亲的眼泪一下子涌了出来，她使劲儿吸吸鼻子，为父亲拍打满身的雪。我赶紧把门关紧，让屋里的温暖一点点融化父亲的寒冷。这个世界有冰有霜，但幸好还有家；这个世界有风有雪，但幸好还有爱。夜归人，只要有人在风雪中为他守候，他就一定能回到家。

父亲坐到餐桌前，看着热气腾腾的饭菜，张口想要说什么，又停了一下，终于说出一句话：“家里真暖和！”

知人论世

马亚伟，河北保定人。期刊、副刊作者，写作至今已发表900余万字。笔名王纯、文心等。作品风格清新淳朴，细腻雅致，以情动人。《思维与智慧》《文苑》《启迪与智慧》《特别关注》等杂志签约作者。作品见于《读者》《青年文摘》《意林》《人民日报》《光明日报》《中国青年报》《羊城晚报》《大公报》等报刊。

阅读鉴赏

小说采用倒叙的手法，增强了文章的生动性，使文章产生悬念，更能引人入胜。同时也成功避免了叙述的平板和结构的单调。

小说的字里行间流露出浓浓的家的温暖、家人的期盼，我们也从文章中深刻感受到了亲情的可爱与珍贵。一直以来，小说中如诗如梦的语言令人读后陶醉，它让我们了解乡土、家园和亲情之美。作为一个文化传承的载体，文学让我们了解历史、了解现在，更让我们在心灵上开阔了视野、启发了精神。

思考寄语

亲情就是父亲扬起的手掌和恨铁不成钢的怒容；亲情就是母亲柔情的呼唤和温暖舒适的怀抱；亲情就是子女肯定的目光、尊敬的语言和一份小小的礼物。亲情的船要靠在爱的港湾，亲情的花要开在爱的园圃。同学们，亲情才是这个世界上最无私的情感。无论离家多远，常回家看看。

4 常常爱惜（节选）

诵读主体

拾起一穗遗落在秋天原野上的麦芒时，我们心中会涌起一种情感……当水龙头正酝酿着滴落一颗椭圆形的水珠，一只手紧紧拧住闸门时，我们心中会涌起一种情感……

……

人类将这种痛而波动的感觉命名为——爱惜。我们读这两个字的时候，通常要放低了声音，徐徐地从肺腑最柔软的孔腔吐出，怕惊碎了这薄而透明的温情。

……

爱惜的土壤是喜欢。当我们喜欢某种东西的时候，就希冀它的长久和广大，忧郁它的衰减和短暂。当我们对喜爱之物，怀有难以把握的忧虑时，吝啬是一个常会首选的对策。我们会俭省珍贵的资源，我们会珍爱不可重复的时光，我们会制造机会以期重享愉悦，我们会细水长流反复咀嚼快乐。

于是，爱惜就在不知不觉中发生了。当我们爱惜的时候，保护的勇气和奋斗的果敢也同时滋生，真爱，需用生命护卫，真爱，就会义无反顾。没有保护的爱惜，是一朵无蕊的鲜花，可以艳丽，却断无果实；没有爱惜的保护，是粗粝和逼人的威迫，是强权而不是心心相印。

爱惜常常发生。在我们不经意的时候，打湿眼帘。

爱惜好比一只竹篮。随着人生的进步，它越编越大了，盛着人自身，盛着绿色，盛着地球上所有的物种，盛着天空和海洋。

知人论世

毕淑敏，1952年10月出生于新疆伊宁，中共党员，国家一级作家、内科主治医师、北京作家协会副主席，北京师范大学文学硕士，心理学博士方向课程结业，注册心理咨询师。

1969年入伍，毕淑敏在西藏阿里高原部队当兵11年，历任卫生员、助理军医、军医等职。从事医学工作20年后，她开始专注写作，1989年加入中国作家协会。2007年，毕淑敏以365万元的版税收入，荣登“2007第二届中国作家富豪榜”第14位，引发广泛关注。著有《毕淑敏文集》十二卷，长篇小说《红处方》《血玲珑》《女心理师》《鲜花手术》等畅销书。她的《学会看病》被选入语文（人教版）5年级上册第20课。

毕淑敏曾获庄重文文学奖、小说月报第四、第五、第六届百花奖、当代文学奖、陈伯吹文学大奖、北京文学奖、昆仑文学奖、解放军文艺奖、青年文学奖等各种文学奖30余次。

阅读鉴赏

曾有人这样评论毕淑敏：在热闹而浮躁的文坛，毕淑敏似乎自立门户，不能把她归属于任何一个派别。她不以学问见长，也不以前卫的语言标榜；她不是江南的清山秀水，也不是草原上的黑骏马。她似乎是从五千年的文化传统中走来，但又不全是传统文化的回归。她以心理医生的角度，真实地解剖人灵魂深处的秘密。

此文以女性的视角道出了人生的真谛，引发读者的思考。

思考寄语

同学们，我们要珍惜与父母的缘分，因为这缘分让我们在父母的操劳中长高、长大了，为这缘分，父母付出了自己的一生；我们要珍惜时间，珍视分秒会给你一份成就；我们要珍惜友谊，友谊会给你一份真诚；我们要珍惜一切美妙，生活将更加美妙！愿你学会珍惜，人生更加美丽！

5 围炉夜话

诵读主体

第五十六则：知往日所行之非，则学日进矣；见世人可取者多，则德日进矣。

第八十三则：人生不可安闲，有恒业，才足收放心；日用必须简省，杜奢端，即以昭俭德。

知人论世

王永彬（1792—1869），字宜山，人称宜山先生，清代学者，一生经历了乾隆、嘉庆、道光、咸丰、同治五个时期，著有《围炉夜话》。

《围炉夜话》是晚清时期著名的文学品评著作，全书以“安身立业”为主旨，分别从道德、修身、读书、教子、忠孝、勤俭等多个方面揭示了人生的深刻含义，其独到见解在中国文学史上占有重要地位。它与《菜根谭》《小窗幽记》并称为中国人修身养性的三大奇书。

阅读鉴赏

译文：

第五十六则：能够认识到自己过去犯下的错误，那么学问就能日益充实；看到他人可以学习之处很多，那么德业就能日益增进。

第八十三则：人不能每天都过着安闲舒适的日子，有了可以不断追求的事业，才能收回任性、安逸之心；日用花费必须节约俭省，只有杜绝奢侈排场的想法，才能体现出勤俭的美德。

注释：

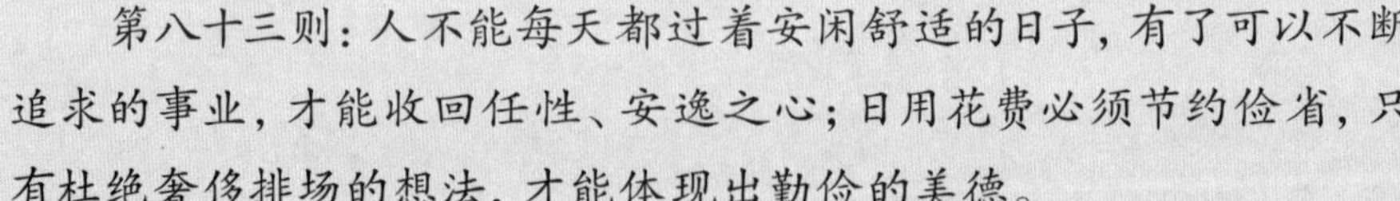

① 恒业：稳定的产业。

② 收放心：收回放任的心思和念头。放心，任性放荡的想法和

念头。

③ 杜奢端：杜绝奢侈的苗头。

④ 昭俭德：显示勤俭的美德。

“围炉夜话”一词的意思是疲倦地送走喧嚣的白昼，在冬天的夜晚围炉聊天，会顿感世界原来是这样宁静。在如此宁静而温暖的氛围下，白昼里浊浊红尘的种种烦闷，会不自觉地升华为对生活、生命的洞然。《围炉夜话》是晚清著名文学品评家王永彬所著的儒家通俗读物。对于当时和以前的文坛掌故、人、事、文章等分段作评价议论。

作者为大家创设了一个虚拟的农家欢乐图，品读这本文学著作犹如在静静的冬夜，与一位睿智的长者重温他饱经风霜的岁月，回首那几十年的桑田沧海变换。书中的娓娓之言，恰如炉中之炭，散发着舒适的热量，让人在寒冷的冬夜感到温暖宁静。

第五十六则和第八十三则为大家讲述了两个人生道理：一是只有记住失败教训，才能有所进步；二是必须有追求学问道德的恒心，将读书作为一心一意的事业，没有恒心，则一事无成。

思考寄语

中国传统文人是很难用有限的词汇描述的。那代文人即使在生活安逸、仕途得意时，心中也常存“为天地立心，为生民立命”的忧患意识，而在险遭不测、倾家荡产时，又能常常保持一份无怨无悔的淡然心态。这就是中国传统文化的底蕴，因其博大，受其滋润的中国文人的心胸也是宽广大度的，其精神世界更是丰富多彩的。这就是中国传统文化的魅力。

6 勤俭成大业

诵读主体

勤俭自持，习劳习苦，可以处乐，可以处约，此君子也……凡仕宦之家，由俭入奢易，由奢返俭难。尔年尚幼，切不可贪爱奢华，不可惯习懒惰。无论大家小家、士农工商，勤苦俭约未有不兴，骄奢倦怠未有不败。尔读书写字不可间断，早晨要早起，莫坠高曾祖考以来相传之家风。吾父吾叔，皆黎明即起，尔之所知也。

知人论世

曾国藩，初名子城，字伯涵，号涤生，谥文正，汉族，湖南湘乡人。晚清重臣，湘军的创立者和统帅者。清朝军事家、理学家、政治家、书法家、文学家，晚清散文“湘乡派”创立人。官至两江总督、直隶总督、武英殿大学士，被封一等毅勇侯。

阅读鉴赏

译文：

勤俭自持，习惯劳苦，可以享受安乐，可以适应俭约，这就是君子……凡是官宦人家，由俭朴到奢侈容易，由奢侈到俭朴难。你的年纪还小，千万不可以贪恋奢侈享受，不可以养成懒惰的习惯。不论是大家庭还是小家庭，士农工商，只要勤劳节俭，没有不兴盛的，若骄奢倦怠，没有不衰败的。你读书不可以间断，早晨要早起，不要败坏我们从曾祖就传下来的家风。我的父亲、叔叔，都是黎明就起，这点你很清楚。

曾国藩是中国近代史上著名的政治家、文化名人，他笔下传达

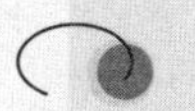
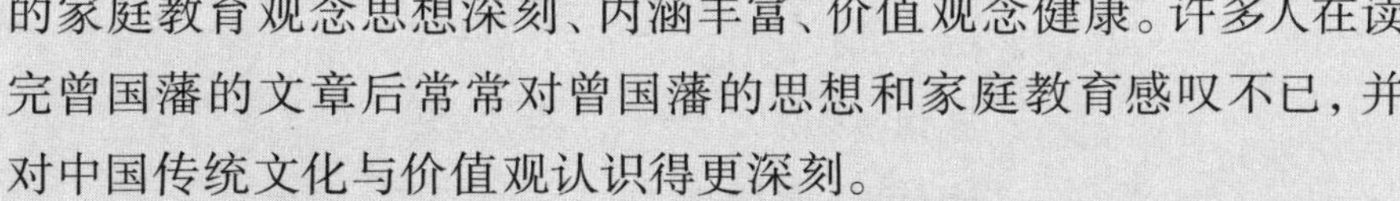

的家庭教育观念思想深刻、内涵丰富、价值观念健康。许多人在读完曾国藩的文章后常常对曾国藩的思想和家庭教育感叹不已，并对中国传统文化与价值观认识得更深刻。

这篇文章告诫他的子孙，只要肯吃苦，勤俭节约，就会兴旺发达；如果懒惰懈怠，就会家道破败。

思考寄语

奢者狼藉俭者安，一凶一吉在眼前。知足是天然的财富，奢侈是人为的贫困。勤和俭是中国人的传统美德，它们相辅相成。曾国藩的话道出了人生真谛，同学们，自古勤俭成大业，勤俭莫怠慢，积少聚千万。

7 红烛（序诗）

诵读主体

"蜡炬成灰泪始干"

——李商隐

红烛啊！
这样红的烛！
诗人啊！
吐出你的心来比比，
可是一般颜色？
红烛啊！

是谁制的蜡——给你躯体?
是谁点的火——点着灵魂?
为何更须烧蜡成灰,
然后才放光出?
一误再误;
矛盾!冲突!
红烛啊!
不误,不误!
原是要“烧”出你的光来——
这正是自然的方法。
红烛啊!
既制了,便烧着!
烧罢!烧罢!
烧破世人的梦,
烧沸世人的血——
也救出他们的灵魂,
也捣破他们的监狱!
红烛啊!
你心火发光之期,
正是泪流开始之日。
红烛啊!
匠人造了你,
原是为烧的。
既已烧着,
又何苦伤心流泪?
哦!我知道了!
是残风来侵你的光芒,
你烧得不稳时,
才着急得流泪!

红烛啊！
流罢！你怎能不流呢？
请将你的脂膏，
不息地流向人间，
培出慰藉的花儿，
结成快乐的果子！
红烛啊！
你流一滴泪，灰一分心。
灰心流泪你的果，
创造光明你的因。
红烛啊！
“莫问收获，但问耕耘。”

知人论世

闻一多（1899—1946），名亦多，字友三，亦字友山，本名家骅，后改名多，又改名一多，现代爱国诗人、学者、民主战士。他自幼喜爱古典诗歌、绘画和戏曲，五四运动后开始发表新诗。他曾留学美国，先后在中山大学、武汉大学、清华大学、西南联大任教。1946年7月15日发表了著名的《最后一次讲演》，当日下午，即遭到国民党特务的杀害。

他早年参加新月社，提倡新格律体诗。在论文《诗的格律》中，他要求新诗具有“音乐的美（音节），绘画的美（辞藻），并且还有建筑的美（节的匀称和句的均齐）”。他的诗在内容上的突出特点，就是具有强烈的民族意识和民族气质，表现出深沉、热烈的爱国主义精神，并从爱国爱民的真情出发，表现出对黑暗现实的厌恶、对人民疾苦的同情和对美好未来的憧憬。爱国主义精神贯穿于他的全部诗作，成为他的诗歌创作的基调。代表作《红烛》《死水》具有沉郁奇丽的艺术风格，整齐、和谐的艺术表现，影响颇大。

1922年，闻一多赴美国留学，他不堪忍受歧视，写过许多爱国诗篇。1926年，他从美国归来，但看到的是北洋军阀统治下民不聊生、政治腐败、经济凋敝的黑暗现实，极为失望。正是这种为现实所冷却的爱和期望，成为其诗的深层根基。

诗集《红烛》由诗人在清华大学和美国两个时期的作品组成。诗人不但以浓烈的色彩独树一帜，而且以丰富的想象、精练的语言、典型的东方风格，形成了自己的独特个性。这首与诗集同名的诗篇，就是诗集《红烛》的序诗。

阅读鉴赏

这首《红烛》是闻一多诗集《红烛》的开卷“序诗”，反映了青年时期的闻一多的真实思想感情。作者在创作这首诗时，正值五四运动落潮、黑暗势力笼罩全国的时候，在半殖民地半封建的民族灾难重压下，觉醒的爱国青年经历了探索、奋斗、挫折、再斗争的过程。他们开始觉醒，可又没有找到正确的道路与方法，他们苦闷、彷徨。但是，他们心中燃起的烈火却从未熄灭过。在《红烛》这首诗中，我们就可以感受到作者强烈的献身精神。

在中国传统诗学的思维模式中，诗人的抒情达志通常不是无所顾忌的自我喷发，而是大多需要假托一定的物象形式，而且这一物象形式不是诗人别出心裁的创造，而是千百年来中国诗人的历史遗产。“红烛”这一意象就出自唐代著名诗人李商隐的传世名句“蜡炬成灰泪始干”，被闻一多用来作为中国文人的理想、追求的象征。

诗人选择具有民族特色的红烛作为题咏的对象，红烛在我们的传统民族习俗中多用于喜庆节日，在这首诗中，作者却赋予了它新的含义。诗人借红烛来象征自己的一颗心，而他的这颗心，就是要燃烧着，为人类、为世界创造光明。

思考寄语

近代史上被人称作文学中“斗士”的人，一是鲁迅，二是诗人闻一多。朱自清评价闻一多：“你是一团火，照彻了深渊；指示着青年，失望中抓住自我。你是一团火，照明了古代；歌舞和竞赛，有力猛如虎。你是一团火，照亮了魔鬼；烧毁了自己！遗烬里爆出个新中国！”他热爱祖国，热爱人民，有伟大崇高的献身精神。他如红烛，以“莫问收获，但问耕耘”为宗旨，唯愿为世人创造光明。

8 秦风·无衣

诵读主体

岂曰无衣？与子同袍。王于兴师，修我戈矛。与子同仇！

岂曰无衣？与子同泽。王于兴师，修我矛戟。与子偕作！

岂曰无衣？与子同裳。王于兴师，修我甲兵。与子偕行！

知人论世

《秦风·无衣》是《诗经》中著名的诗篇之一，是秦地人民抗击西戎入侵者的军中战歌。

《秦风》是秦地的民歌。秦地，即如今的陕西中部、甘肃东部，秦人在商周时代与戎狄杂处，以养马闻名，以尚武著称。当时的秦人部落实行的是兵制，类似民兵制，平民成年男子平时耕种放牧，战时上战场就是战士，武器与军装由自己准备。这种兵制在北方的少数民族中一直延续着，《木兰诗》中的“东市买骏马，西市买鞍鞯，南市买辔头，北市买长鞭”，就是在自己置备装备。在当时，成年的秦国男子是自己有战袍、戈矛的，只要发生战事，拿起来就可以上战场了。

阅读鉴赏

译文：

怎能说没有衣裳？我愿和你同披一件战袍。天子让我们出兵打仗，且修好我们的戈与矛。我们面对的是共同的敌人！

怎能说没有衣裳？我愿和你同穿一件汗衣。天子让我们出兵打仗，且修好我们的矛与戟。我愿与你一同战斗！

怎能说没有衣裳？我愿和你同穿一件下裳。天子让我们出兵打仗，且修好我们的盔甲兵器。我愿与你一同前进！

全诗共三章，章与章句式对应；诗句大同小异，在重章复唱中诗意递进。一边歌唱，一边行军，一往无前。

第一章，统一思想。当时军情紧急，一时难以备全征衣。“无衣”，这是实写，也可以理解为夸张的写法，为国征战，不计衣物不全的困难，“与子同袍”，与战友共用一件战袍。“王于兴师”，大家就急忙修理好“戈矛”。为什么大家能够克服困难、团结备战呢？“与子同仇！”大家认识到，仇敌是共同的，必须一起抗击共同的敌人。

第二章，统一行动。“与子同泽”“修我矛戟”，大家一起行动起来，“与子偕作”，投身到征战中。

第三章，一起上战场。“与子偕行”，激昂高歌，团结对敌，奔赴战场。

这首战歌，每章第一、二句分别写“同袍”“同泽”“同裳”，表现战士们克服困难、团结互助的情境。每章第三、四句，先后写“修我戈矛”“修我矛戟”“修我甲兵”，表现战士们齐心备战的情境。每章最后一句，写“同仇”“偕作”“偕行”，表现战士们的爱国情怀和大无畏精神。这是一首赋体诗，用“赋”的表现手法，在铺陈复唱中直接表现战士们共同对敌、奔赴战场的高昂情绪，一层更进一层地揭示战士们崇高的内心世界。

《秦风·无衣》以复沓形式，展现出秦军将士出征前的昂扬士气，确是一首充满民族精神而又富有艺术魅力的古代军歌。

思考寄语

全诗充满了慷慨激昂、豪迈乐观及热情互助的精神，表现出将士们舍生忘死、英勇抗敌、保卫家园的勇气。“王于兴师，一呼百诺。”我们伟大的中华民族正是因为有着如此传承了几千年的精神和勇气，面对国难，一呼百应，无数革命先烈抛头颅，洒热血，换来了我们今天的幸福生活。我们不能忘记，也不敢忘记。我们必须将这种精神传承下去，为实现中华民族伟大复兴的中国梦贡献自己的微薄力量。

9 人皆有不忍人之心

诵读主体

孟子曰："人皆有不忍人之心。先王有不忍人之心，斯有不忍人之政矣。以不忍人之心，行不忍人之政，治天下可运之掌上。所以谓人皆有不忍人之心者，今人乍见孺子将入于井，皆有怵惕恻隐之心。非所以内交于孺子之父母也，非所以要誉于乡党朋友也，非恶其声而然也。由是观之，无恻隐之心，非人也；无羞恶之心，非人也；无辞让之心，非人也；无是非之心，非人也。恻隐之心，仁之端也；羞恶之心，义之端也；辞让之心，礼之端也；是非之心，智之端也。人之有是四端也，犹其有四体也。有是四端而自谓不能者，自贼者也；谓其君不能者，贼其君者也。凡有四端于我者，知皆扩而充之矣，若火之始然，泉之始达。苟能充之，足以保四海；苟不充之，不足以事父母。"

知人论世

孟子（约前372—前289），名轲，字子舆，战国时期邹国人。战国时期哲学家、思想家、教育家。是孔子之后、荀子之前的儒家学派的代表人物，与孔子并称"孔孟"。

孟子宣扬"仁政"，最早提出"民贵君轻"思想，被韩愈列为先秦儒家继承孔子"道统"的人物，元朝被追封为"亚圣"。

《人皆有不忍人之心》出自《孟子》的《公孙丑章句上》。《孟子》一书是孟子的言论汇编，由孟子及其再传弟子共同编写而成，是记录了孟子的语言、政治观点和政治行动的儒家经典著作。孟子曾仿效孔子，带领门徒周游各国，但不被当时各国接受，便退隐与弟子一起著书。南宋时，朱熹将《孟子》与《论语》《大学》《中庸》并称"四书"。

阅读鉴赏

译文：

孟子说："每个人都有怜悯体恤别人的心。古代圣王由于有怜悯体恤别人的心，所以才有怜悯体恤百姓的政治。用怜悯体恤别人的心，施行怜悯体恤百姓的政治，治理天下就可以像在手掌上运转东西一样容易了。之所以说每个人都有怜悯体恤别人的心，是因为如果今天有人突然看见一个小孩要掉进井里面去了，必然会产生惊惧同情的心理。这不是因为想要和这孩子的父母拉关系，不是因为想要在乡邻朋友中博取声誉，也不是因为厌恶这孩子的哭叫声才产生这种惊惧同情心理的。由此看来，没有同情心，简直不是人；没有羞耻心，简直不是人；没有谦让心，简直不是人；没有是非心，简直不是人。同情心是仁的发端；羞耻心是义的发端；谦让心是礼的发端；是非心是智的发端。人有这四种发端，就像有四肢一样。有了这四种发端却自认为不行的，是自暴自弃的人；认为他的君主不行的，是暴弃君主的人。凡是有这四种发端的人，都知道要扩大充实它们，就像火刚刚开始燃烧，泉水刚刚开始流淌。如果能够扩充它们，便足以安定天下，如果不能够扩充它们，就连赡养父母都成问题。"

注释：

①不忍人之心：怜悯心，同情心。

②乍：突然、忽然。

③怵惕：惊惧。恻隐：哀痛，同情。

④内交：内交即结交，内同"纳"。

⑤要誉：博取名誉。要同"邀"。

⑥端：开端，起源，源头。

⑦我：同"己"。

⑧然：同"燃"。

这篇文章是从人性的前提推导政治的。具体来说，就是从人人都有"不忍人之心"的仁心推导仁政。由于这种"不忍人之心"是人本身所固有的，所以仁政也应该是天经地义的。这就是孟子的思路。

孟子的推导仍然是为了推行他那毕生的追求，即儒家的“仁政”理想。但他的推导本身似乎没有产生很大影响，倒是他那推导的前提——“人皆有不忍人之心”产生了巨大的影响，尤其是在此基础上所提出的“仁义礼智”都发端于这种“不忍人之心”的看法，更是成为中国古代哲学中“性善论”的理论基础和支柱。

思考寄语

孟子与孔子的不同处之一就是他认为“性本善”，但是在孟子看来，即使人的本性是善的，由于人们的社会活动存在私欲膨胀，也会导致善的本性逐渐泯灭，所以必须在后天的教育中指导人们自觉地扩大充实自己的“善心”。这就是教育的意义。

10 商鞅立木建信

诵读主体

令既具，未布，恐民之不信，已乃立三丈之木于国都市南门，募民有能徙置北门者予十金。民怪之，莫敢徙。复曰“能徙者予五十金”。有一人徙之，辄予五十金，以明不欺。卒下令。

于是太子犯法。卫鞅曰：“法之不行，自上犯之。”将法太子。太子，君嗣也，不可施刑，刑其傅公子虔，黥其师公孙贾。明日，秦人皆趋令。行之十年，秦民大说，道不拾遗，山无盗贼，家给人足。民勇于公战，怯于私斗，乡邑大治。

知人论世

司马迁（前145或前135—不可考），字子长，西汉史学家、文学家、思想家。司马谈之子，任太史令，被后世尊称为史迁、太史公、历史之父。

司马迁早年受学于孔安国、董仲舒，漫游各地，了解风俗，采集传闻。初任郎中，奉使西南。28岁任太史令，继承父业，著述历史。后因替李陵败降之事辩解而受宫刑，调任中书令，发愤继续完成所著史籍。他以“究天人之际，通古今之变，成一家之言”的治史理念创作了中国第一部纪传体通史《史记》（原名《太史公书》），被公认为是中国史书的典范。该书记载了从上古传说中的黄帝时期，到汉武帝太初四年，长达3000多年的历史，是“二十四史”之首，被鲁迅誉为“史家之绝唱，无韵之《离骚》”。

阅读鉴赏

译文：

商鞅变法的条令已准备就绪，还没有公布，（商鞅）担心百姓不相信自己，于是（命人）在都城市场南门前放置一根高三丈的木头，招募（能）搬到北门的人，给予十金。百姓看到后对此感到奇怪，没有人敢去搬木头。（商鞅）又说：“能搬木头的人赏五十金。”有一个人搬了木头，就给了他五十金，以此来表明没有欺骗（百姓）。最终颁布了法令。

这时太子触犯了法律，公孙鞅（商鞅）说：“新法不能顺利施行，就在于上层人士带头违反。”太子是国君的继承人，不能施以刑罚，便将他的老师公子虔处刑，将另一个老师公孙贾脸上刺字，以示惩戒。第二天，秦国人听说此事，都遵从了法令。新法施行了十年，秦国人都非常高兴，路上没有人拾别人丢的东西占为己有，山林里也没了盗贼，家家富裕充足，百姓勇于为国作战，不敢再行私斗，乡野城镇都得到了治理。

商鞅立木建信是战国时期发生在秦国国都的一个事件。当时商鞅变法推出新法令，怕民众不信任，放了一根木头在城墙南门，贴出告示说：如有人将这根木头搬到北门就赏十金。

所有民众都不信。直到将赏金提升至五十金时，才有一壮士将

木头搬到了北门，商鞅如约赏给了他五十金。此举取得了民众对商鞅的信任，最终商鞅公布了变法的法令。这个故事也称为《商鞅立信》。

这件事说明了信用不仅是一个人的立德之本，也是国家的重宝，善于治理国家的人必定得到民众的信任。

思考寄语

在我国的传统伦理中，诚实守信被看作“立身之本”“举政之本”“进德修业之本”。孔子说：“言必诚信，行必忠正。”同学们，诚信是一切道德的根基和本原，它不仅是我们个人的美德和品质，而且是一种社会的道德原则和规范，希望大家把它贯彻到日常生活的各个方面。

11 南乡子·登京口北固亭有怀

诵读主体

何处望神州？满眼风光北固楼。千古兴亡多少事？悠悠。不尽长江滚滚流。

年少万兜鍪，坐断东南战未休。天下英雄谁敌手？曹刘。生子当如孙仲谋。

知人论世

辛弃疾（1140—1207），南宋词人。字幼安，别号稼轩，出生时，中原已为金兵所占，21岁参加抗金义军，不久归南宋，历任湖北、江西、湖南、福建、浙东安抚使等职。他一生力主抗金。曾上《美芹十论》与《九议》，条陈战守之策。其词抒写力图恢复国家统一的爱国热情，倾诉壮志难酬的悲愤，对当时执政者的屈辱求和进行了颇多谴责；也有不少吟咏祖国河山的作品。题材广阔又善化用前人典故入词，风格沉雄豪迈又不乏细腻柔媚之处。

此词约作于宋宁宗嘉泰四年（1204），当时辛弃疾在镇江知府任上。镇江，在历史上曾是英雄用武和建功立业之地，此时成了与金人对垒的第二道防线。每当他登临京口（即镇江）北固亭时，触景生情，不胜感慨系之。这首词就是在这一背景下写成的。这首词委婉暗示了作者对朝廷的不满，也表达了作者的一腔爱国豪情。

阅读鉴赏

译文：

什么地方可以看见中原呢？在北固楼上，满眼都是美好的风光。从古到今，有多少国家兴亡呢？不知道，年岁太长了。只有长江的水滚滚东流，奔流不息。当年孙权在青年时期，做了三军统帅。他能占据东南，坚持抗战，没有向敌人低头和屈服过。天下英雄谁是孙权的敌手呢？只有曹操和刘备而已。这样也就难怪曹操说：“生下的儿子就应当如孙权一般。”

此词通过对古代英雄人物的歌颂，表达了作者渴望像古代英雄人物那样金戈铁马，收复旧山河，为国效力的壮志豪情。词中饱含着浓浓的爱国思想，但也流露出作者报国无门的无限感慨，蕴含着对苟且偷安、毫无振作的南宋朝廷的愤懑之情。全词写景、抒情、议论密切结合，融化古人语言入词，活用典故成语，通篇三问三答，层次分明，互相呼应。它与词人同时期所作的另一首《永遇乐·京口北固亭怀古》，一首风格明快，一首沉郁顿挫，同是怀古伤今，写法大异其趣，而都不失为千古绝唱，亦可见辛弃疾丰富多彩之大手笔也。

思考寄语

辛弃疾一生盼望北伐，收复失地，统一中原。虽然因其政治理念在官场屡屡受挫，但是他的爱国之心、爱国之情始终不变。我们要学习诗人的爱国情怀，继承和弘扬中华民族爱国主义传统。

12 可染画牛探踪

诵读主体

李可染画牛，始于40年代初。1942年，他蛰居重庆金刚坡下的一户农家，睡房挨着牛棚，他和一只水牛天天见面，看它吃草、挤奶，终日劳作。到了晚上，牛的喘息声、反刍声、搔痒声常常使人夜不能寐。于是他挑灯起床，对牛作画。李可染画的牛，极富生活情趣，他能把牛的形状、比例、动态掌握得恰到好处，更能把牛的朴实无华的性格和充满泥土味的特色惟妙惟肖地刻画出来。他曾在画作《五牛图》上题字道："牛也，力大无穷，俯首孺子而不逞强。终生劳瘁，事人而安不居功。纯良温驯，时亦强犟，稳步向前，足不踏空，形容无华，气宇轩昂，吾崇其性，爱其形，故屡屡不厌写之。"爱牛之心跃然纸上。

画品即人品，李可染后期的牧牛图，更升华为一种对牛的精神的理解，这精神也是画家本人做人、作艺的准绳。

知人论世

李可染（1907—1989），江苏徐州人，中国近代著名画家、诗人，齐白石的弟子。曾任中国美术家协会副主席、中国画研究院院长。擅长画山水、人物，尤其擅长画牛。他提出“采一炼十”的主张，即采矿是艰辛的，冶炼更加需要付出十倍百倍的劳动，真正的艺术创作必须兼有采矿工人和冶炼家双重的艰辛和勤奋。

阅读鉴赏

李可染先生是当代中国画大家，“牛”是他最喜爱的题材。他爱牛，崇尚牛，甚至他的画室也被他称为“师牛堂”。李可染先生的牧牛题材作品，充分体现出中国传统绘画的特质和智慧，也充分表现出李可染先生的写生观和创作观。李可染先生将现实生活中的水牛，通过笔墨转化，或行、或卧、或凫于水中，寥寥数笔，融入画家的语言技巧、艺术观念、生活观念，使纸上的牛成为具有人类情感和艺术感悟力的艺术形象。

李可染先生曾写下题跋：“牛也，力大无穷，俯首孺子而不逞强。终生劳瘁，事人而安不居功。纯良温驯，时亦强犟，稳步向前，足不踏空，形容无华，气宇轩昂，吾崇其性，爱其形，故屡屡不厌写之。”在他笔下，水牛的憨厚、耐劳、温驯、强犟，代表了中国人的精神品格。因此，李可染画的牛总是笔墨厚重，力透纸背，极具笔墨深度。

思考寄语

人无精神不立。在中华文化里，牛是勤劳、奉献、奋进、力量的象征。作为中国人，我们应该像“牛”一样，坚定信念、勇往直前、乐于付出、忠诚于国家和人民，成为一个有益于国家和社会的人。

13 既敦又煌，莫与之高（节选）

诵读主体

莫高窟为什么能够成为千古绝唱，原因有千万条，但有几点是肯定的，那就是建造者不怕困难不畏牺牲的理想主义精神和无我无求献身事业的生命姿态。

除此之外，他们还把价值观和方法论做到了完美结合，把形而上和形而下做到了完美结合，把外来文化和本土文明做到了完美结合，把传播教义和接受美学做到了完美结合，把书法美术和建筑雕塑做到了完美结合，把自然天成和人工巧制做到了完美结合。他们在寻找能够穿越时空、民族、文明、文化的最大公约数。北魏的高大威猛，隋朝的华丽柔美，唐朝的豪迈大气，作为每个时代的审美优点，被充分放大。

参观完莫高窟，仰视着嵌入蓝天被丝丝白云装点的红褐色九层楼，我的脑海里突然产生了“既敦又煌，莫与之高”的句子，发在朋友圈，创下了点赞的纪录，它让我想到了“敦煌”二字的会意。

“敦”是古食器，在祭祀和宴会时盛放黍、稷、稻、粱等作物用，象征着富足和丰殷；“煌”是大批跟随者点燃的火炬或篝火，象征着温暖和光明，生存自然会“敦”，生活自然会“煌”，生命自然会“高”。

无疑，这是人类“莫与之高”的理想。

这，也许是千百年前，先人们对这条河西走廊的隐喻。

由此，我在想，斯坦因等探险家为什么对莫高窟藏经和壁画如此着迷，也许有着他们潜意识深处的渴望，那就是这些经卷和壁画无一例外地散发出的仁爱、包容、奉献、牺牲、清净、平等、觉悟、自由、和平、大同的光芒和芬芳。

由此，我在想，叶舟等著名作家为什么要倾注一生的心血书写她，把大敦煌之歌唱遍大江南北，甚至在大雪封山的除夕之夜也要守候在她的身旁，除了神性、诗性、母性，我找不到更好的答案。

由此，我在想，由敦煌市宣传部安排，19日晚在敦煌图书馆召开的读者见面会，读者们那种纯粹、干净、真诚的目光，还有主持人的逼人谦光，让人不禁想，站在眼前的他，也许是某朝某代千佛洞里的哪位得道高僧换了身现代服装站在这里。为此，当我怀着无比崇敬的心情，把中华书局出版的精装七卷本文集题赠敦煌图书馆寄他们收存时，我想到阿来先生那天的演讲主题“河西走廊是我的课堂”，那么，敦煌呢？

知人论世

郭文斌，宁夏作家协会主席，中国作家协会委员，全国宣传文化系统“四个一批”人才，享受国务院政府特殊津贴，被宁夏回族自治区党委、政府授予“塞上英才”称号，被评为“60年感动宁夏人物”。著有《寻找安详》《农历》等十余部作品。短篇小说《吉祥如意》先后获人民文学奖、小说选刊奖、鲁迅文学奖。为央视540集纪录片《记住乡愁》做文字统筹、撰稿、策划工作。提出安详生活观、安全阅读观、底线出版观、祝福性文学观；受邀到北京师范大学、北京大学、清华大学、复旦大学等高校及多省市演讲，受到欢迎。

阅读鉴赏

本文节选自郭文斌2017年9月19日在丝路文化发展论坛上的发言《丝绸之路上的敦煌印象》。

“敦，大也；煌，盛也。”这是1800多年前东汉应劭注《汉书》中的一句话。位于河西走廊深处的敦煌，在中国历史的很长一段时间里，是通往西域、中亚和欧洲的交通枢纽，是文化荟萃的国际都会。敦煌这个名字，折射了这座古丝绸之路上的重镇曾经的繁盛景象。

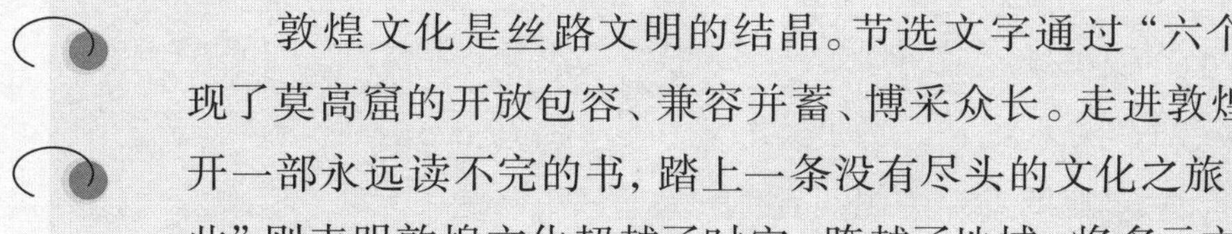

敦煌文化是丝路文明的结晶。节选文字通过“六个结合”体现了莫高窟的开放包容、兼容并蓄、博采众长。走进敦煌，就是翻开一部永远读不完的书，踏上一条没有尽头的文化之旅。“三个由此”则表明敦煌文化超越了时空，跨越了地域，将多元文明聚于一体，体现出巨大的人文价值。

思考寄语

研究和弘扬敦煌文化，可以让我们深刻体会到其中蕴含的中华民族“坚守大漠、甘于奉献、勇于担当、开拓进取”的“莫高精神”，不断坚定我们的文化自信。

14 唐汝询结绳记事

诵读主体

中国明末清初有个著名诗人，名叫唐汝询，字仲言，松江华亭（今上海松江）人，是个双目失明的人。

唐汝询出身书香门第，家庭读书风气很盛。他生下来的时候，长得眉清目秀，双目并未失明。由于受家庭环境的熏陶，他3岁的时候就开始跟着哥哥读书认字了。但是，他在5岁那年，突然出了天花，经过医生抢救，虽然保住了生命，可他的两只眼睛却不幸失去了光明，从此他再也看不见书，看不到世间的一切了。

起初，唐汝询感到非常伤心，觉得这样活着，生不如死。可是过了一段时间，他逐渐安定下来了。心想，天下无难事，只怕不立志，只要刻苦学习，就一定能学到知识。于是，他每天摸到书房里去，用心听几个哥哥读书吟诗，并把听到的文章和诗歌一字一句地牢牢记在心里。

一个双目失明的人，要想记住许多文章和诗歌，自然是十分困难的事。他费尽心机死记硬背，同时也想出了一些办法帮助记忆。他仿照古时候人们使用过的结绳记事法，用几根粗细不一的绳子，在上面打上各种各样的结，把整篇文章和诗歌记录下来。有时，他用刀子在木板或竹竿上刻出各种各样的刀痕，用来记录文章和诗歌。当几个哥哥出去玩耍，没人念书给他听的时候，他就摸着绳结和刀痕，大声地朗读起来。

因为唐汝询肯用功，虽然双目失明，读的书却不比几个哥哥少，成绩也不比他们差。后来，他不但读了许多书，而且学着作诗。他作诗的时候，如果有人在身边帮忙，就大声把诗句念出来，叫人帮他写在纸上；如果没人帮忙，就依旧用结绳和刻刀痕的办法把诗记下来，等有人帮忙的时候，再把它翻译成文字，请人写在纸上。

由于唐汝询刻苦读书，所以取得了可喜的成绩，他一生写下了上千首好诗，出了好几本诗集，如《编蓬集》《姑蔑集》等。同时，还给一些深奥的唐诗作了注解，书名为《唐诗解》。这是他刻苦自励，不为双目失明而放弃学习，笃志读书，克服重重困难而取得的成就。

知人论世

唐汝询（1565—1659），明末清初学者，字仲言，华亭（今上海市松江区）人。尝撰《唐诗解》《唐诗十集》等书，援据赅博，当时目为异人。唐汝询工于诗，有《编蓬集》十卷，后集十五卷，《四库全书总目提要》及《姑蔑集》等并传于世。钱谦益称他的《唐诗选》时有新义。

阅读鉴赏

唐汝询出身书香门第，自幼受家庭影响，酷爱读书学习。从3岁起就跟着哥哥读书认字，5岁那年由于出天花，虽经抢救保住了性命，但从此双目失明。他再也看不到外面的美丽风景，再也看不到洋溢在伙伴们脸上的笑容，再也看不到自己的亲人了。他痛苦极了。但是，随着年龄的增长，他逐渐适应了没有光明的日子，并且开始积极地面对生活。

于是，在哥哥们上课的时候，唐汝询便在一旁仔细地听，用心地记。唐汝询还仿照古人结绳记事的方法进行学习。经过不懈努力，唐汝询终于成为明朝著名的学者和诗人。

思考寄语

“艰难困苦，玉汝于成。”挫折对有的人来说是一笔财富。穿越历史的长廊，有多少伟人在挫折的历练下登上闪耀的巅峰。作为新时代的青年，我们应该学习唐汝询勇于战胜挫折的精神，时刻心存忧患意识，经得起挫折，经得起风浪，并勇于挑战，战胜困难。

15 治家格言（节选）

诵读主体

黎明即起，洒扫庭除，要内外整洁；既昏便息，关锁门户，必亲自检点。一粥一饭，当思来处不易；半丝半缕，恒念物力维艰。

宜未雨而绸缪，毋临渴而掘井。

知人论世

《治家格言》，又名《朱子治家格言》或《朱子家训》，为明朝末年江苏昆山朱柏庐著。以格言警句的形式凝结了中国几千年来代代相传的家庭教育精华，文字通俗易懂，内容简明赅备，对仗工整，朗朗上口，问世以来，成为家喻户晓、脍炙人口的教子治家经典家训，对教化人心、保留和传承中华美德产生了持久、广泛和深远的影响。

阅读鉴赏

译文：

每天黎明就要起床，先用水来洒湿厅堂内外的地面，然后扫地，使厅堂内外整洁；到了黄昏准备休息便要亲自查看一下门户有没有关锁好，以确保家人的安全。当我们喝一碗粥、吃一碗饭的时候，应当想到煮粥煮饭的每一粒米，都是经过农夫千辛万苦种出来的；我们不但要感激他们的辛劳，更要珍惜他们辛勤的劳动成果，不可以浪费食物，更不可以随便糟蹋。在我们穿衣服的时候，看到半段丝、半段线，即使那么少的一点东西，我们也要常常想着物资的生产过程是很艰难的，应当倍加珍惜。

凡事先要准备，就像没到下雨的时候，要先把房子修补完善，不要“临时抱佛脚”，到了口渴的时候，才来掘井。

《治家格言》中很多内容是对个人生活习惯的指点，教育子孙在做小事的过程中形成一丝不苟的个人习惯。

在这篇仅几百字的家训中，朱柏庐反复劝诫子孙注重日常细节，切莫看轻平常小事，这与他当时所处的社会环境不无关系。明末清初，随着商业社会不断繁荣，奢靡之风愈演愈烈。朱柏庐深知，华而不实的生活风气对家族和社会的危害极大。因此，从细节小事劝诫子孙勤俭持家，成了这篇家训的主要内容。

家训中“一粥一饭，当思来处不易；半丝半缕，恒念物力维艰”等格言警句，流传十分广泛。在世人看来，一粥一饭、一丝一缕，所言其小，区区小数，价值几何？所以往往不懂珍惜，随意糟蹋。而朱柏庐生平精神宁谧、勤俭质朴、严于律己。他谆谆告诫子孙，家常器具朴实洁净，瓦器胜过金玉器皿；饮食节省精细，园圃里种的蔬菜胜过贵重珍奇的食品。要从小事做起，养成勤俭节约的良好习惯，要知道父母谋衣谋食的艰难，桩桩件件来之不易。

“宜未雨而绸缪，毋临渴而掘井”告诉我们“凡事预则立，不预则废”。要学会未雨绸缪，做事情万万不能“临时抱佛脚”，一定要做好充分准备，这值得我们今天在为人处世时借鉴。

思考寄语

《治家格言》是我国古代的家教名篇。全文以警句、箴言的形式讲述了为人处世、修身治家的道理，其中主张的勤俭持家、公平厚道、诚信待人、与人为善等观点，非常值得我们学习。

16 道德经（节选）

诵读主体

上善若水。水善利万物而不争，处众人之所恶，故几于道。居善地，心善渊，与善仁，言善信，正善治，事善能，动善时。夫唯不争，故无尤。

五色令人目盲，五音令人耳聋，五味令人口爽，驰骋畋猎令人心发狂，难得之货令人行妨。是以圣人为腹不为目，故去彼取此。

知人论世

老子（约前571—约前470，一说前571—前471），姓李名耳，字聃，一字伯阳，中国古代思想家、哲学家、文学家和史学家，道家学派创始人和主要代表人物之一，与庄子并称“老庄”。

《道德经》内容以哲学意义之“道德”为纲宗，论述修身、治国、用兵、养生之道，而多以政治为旨归，乃所谓“内圣外王”之学，文意深奥，意涵广博，被誉为万经之王。《道德经》是中国历史上伟大的名著之一，对传统哲学、科学、政治、宗教等产生了深刻影响。

阅读鉴赏

译文：

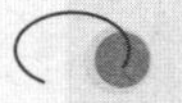

至高的品性就好像水一样。水善于帮助万物，却不与万物相争，让自己停留在人们所厌恶的地方，所以水是很接近“道”的。最善的人，所处的位置最自然而不引人注目，心胸善于保持沉静而深不可测，待人善于真诚、友爱和无私，说话善于恪守信用，为政善于精简处理，能把国家治理好，处事善于发挥所长，行动善于把握时机。因

为不与万物相争，故为人处世时，不易有过失而招致或激化矛盾。

缤纷的色彩使人眼花缭乱；嘈杂的声音使人听觉失灵；浓厚的杂味使人味觉受伤；纵情猎掠使人心思放荡发狂；稀有的物品使人行为不轨。因此，圣人致力于解决温饱，不耽乐于感官的享乐，所以要有所取舍。

本文共两部分，分别节选自《道德经》第八章和第十二章。

第一部分，老子在自然界万物中最推崇水，认为水的品德是接近道的。水滋润万物，赋予万物以生命，并促使其生长、繁衍。它清洁干净，可以涤荡世间一切污秽。它流动无方，充满生机和活力。它无色透明，却能映射出天空与大地。它包容一切，对万物等同看待，毫无偏私。它美妙纯粹，构成如画风景……水的流动，形象地诠释了时间的流逝，象征着无穷无尽的智慧。本节中，老子还以七个“善”字对水德进行了详细的阐释，这其实也是在介绍“圣人”所应具备的品格。最后，他得出结论：为人处世的要旨，即为“不争”。也就是说，宁可居处于别人不愿意居处的位置，也不去与人争利，因此也就不会招来别人的责怪和怨恨。

第二部分，色、音、味、权和货都是人类想获得的东西，而老子却认为这些恰恰是天下大乱的根源，是应该抛弃的东西，尤其是统治者更应当抛弃感官享受和物欲追求，只要他们安定了，天下何乱之有？

思考寄语

老子推崇的“水之德”：一是“善利万物”，故大公；二是“不争”，故无私。我们应该追求自然纯朴的生活，不去追求声色之娱和物质享受，为人处世需如水一般，有坦荡的胸襟和宽广的胸怀。

17 竹 石

诵读主体

咬定青山不放松，立根原在破岩中。
千磨万击还坚劲，任尔东西南北风。

知人论世

郑板桥（1693—1766），原名郑燮，字克柔，号理庵，又号板桥，人称板桥先生，江苏兴化人，祖籍苏州。清代书画家、文学家。

康熙年间考中秀才，雍正十年（1732）考中举人，乾隆元年（1736）考中进士，做过山东范县、潍县县令，政绩显著，后客居扬州，以卖画为生，为“扬州八怪”代表人物。

郑板桥擅画兰、竹、石、松、菊等，自称“四时不谢之兰，百节长青之竹，万古不败之石，千秋不变之人”。其诗书画，世称“三绝”，是清代比较有代表性的文人画家。代表作品有《修竹新篁图》《清光留照图》《兰竹芳馨图》《甘谷菊泉图》《丛兰荆棘图》等，著有《郑板桥集》。

阅读鉴赏

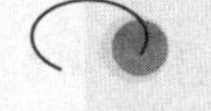

《竹石》是一首托物言志的咏物诗，作者郑板桥托岩竹的坚韧顽强，言自己刚正不阿、正直不屈、铁骨铮铮的精神。

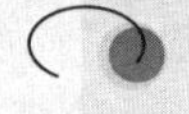

《竹石》这首题画诗简洁明快，又刚劲有力，“咬定青山不放松，立根原在破岩中”一句，将生在恶劣环境下，长在危难中的岩竹的神韵和它顽强的生命力充分展现出来。最后一句中“任尔东南西北风”的一个“任”字，表面上是写竹，实际言出自己那种刚正不阿、坚强不屈的性格，绝不向任何邪恶势力低头的高风傲骨。

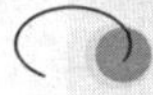

这首诗给我们以生命的感动，曲折恶劣的环境中，战胜困难，面对现实，像在石缝中的竹子一样刚劲顽强，体现了作者的爱国情怀。

思考寄语

人生旅途总是要面对种种考验、磨难，我们要有越挫越勇的精神，在失败中摸索着走向成功的大门。即使不断跌倒，也要有“咬定青山不放松”的决心，立根破岩，战胜生活的风风雨雨，成为生活的强者。

18 平凡的世界（节选）

诵读主体

多少美好的东西消失和毁灭了，世界还像什么事也没有发生。是的，生活在继续着。可是，生活中的每一个人却在不断地失去自己最珍贵的东西。生活永远是美好的；人的痛苦却时时在发生……

伟大的生命，不论以何种形式，将会在宇宙间永存。我们这个小小星球上的人类，也将继续繁衍和发展，直至遥远的未来。可是，生命对于我们来说又多么短暂。不论是谁，总有一天，都将会走向自己的人生终点。死亡，这是伟人和凡人共有的最后归宿。热情的诗人高唱生命的恋歌，而冷静的哲学家却说：死亡是自然法则的胜利……

美丽的花朵凋谢了也是美丽的。是的，美丽，美丽的花朵永不凋谢；那花依然在他心头开放……

瞧，又是春天了。复苏的万物就是生命的写照。

生活总是美好的，生命在其间又是如此短暂；既然活着，就应该好好地活。

精神上的消沉无异于自杀。

有时候，往往一个极偶然的因素，就可能会改变一个人的生活。

……她懂得幸福不在于自己的丈夫从事什么样的职业，而在于两个人是否情投意合。金钱、荣誉、地位和真正的爱情并不相干——从古到今，向来如此！只要和自己所爱的人在一起，即便到天涯海角去生活也是幸福的。

……堆满我心间，我已经再不是青春少年……

院墙下爆开了一丛金灿灿的迎春花。这就是生命！没有什么力量能扼杀生命。生命是这样顽强，它对抗的是整整一个严寒的冬天，冬天退却了，生命之花却蓬勃地怒放。你为了这瞬间的辉煌，忍耐了多少暗淡无光的日月？你会死亡。但你也会证明生命有多么强大。死亡的只是躯壳，生命将涅槃，生生不息，并会以另一种形式永存。只要春天不死，生命就不会死。就会有迎春的花朵年年岁岁开放。哦，迎春花……

生活似乎走了一个令人难以置信的圆。

但生活又不会以圆的形式结束。生活会一直走向前。

知人论世

路遥（1949—1992），本名王卫国，出生于陕北榆林清涧县，中国当代著名作家，代表作有长篇小说《平凡的世界》《人生》等。曾任中国作家协会陕西分会副主席。

1949年12月2日，路遥出生于陕西陕北山区清涧县一个贫困的农民家庭，7岁时因为家里困难被过继给延川县农村的伯父。曾在延川县立中学学习，1969年回乡务农。这段时间里，他做过许多临时性的工作，并在农村一小学教过一年书。1973年进入延安大学中文系学习，其间开始文学创作。大学毕业后，任《陕西文艺》（今为《延河》）编辑。1980年发表《惊心动魄的一幕》，获得第一届全国优秀中篇小说奖。1982年发表中篇小说《人生》，后被改编为电影。1988年完成百万字的长篇巨著《平凡的世界》，该小说以其恢宏的气势和史诗般的风格，全景式地呈现了改革时代中国城乡的社会生活和人们思想情感的巨大变迁，还未完成即在中央人民广播电台广播。路遥因此获得茅盾文学奖。1992年11月17日上午，路遥因肝硬化腹水医治无效在西安逝世。

2018年12月18日，党中央、国务院授予路遥"改革先锋"称号，颁授改革先锋奖章，并把他评为鼓舞亿万农村青年投身改革开放的优秀作家。2019年9月25日，路遥被评选为"最美奋斗者"。

阅读鉴赏

《平凡的世界》是路遥创作的一部全景式地呈现中国当代城乡社会生活的百万字长篇小说，全书共三部。1986年12月首次出版。

该书以中国20世纪70年代中期到80年代中期十年间为背景，通过复杂的矛盾纠葛，以孙少安和孙少平两兄弟为中心，刻画了当时社会各阶层众多普通人的形象。劳动与爱情、挫折与追求、痛苦与欢乐、日常生活与巨大社会冲突纷繁地交织在一起，深刻地展示了普通人在大时代历史进程中所走过的艰难曲折的道路。

《平凡的世界》是用温暖的现实主义的方式来讴歌普通劳动者的文学作品。作者把苦难转化为一种前行的精神动力。这部小说在展示普通小人物艰难生存境遇的同时，极力书写了他们克服重重困难的美好心灵与坚韧不拔的奋斗精神。作品中的主人公孙少安、孙少平是挣扎在贫困线上的青年人，但他们自强不息，依靠自己的顽强毅力与命运抗争，追求自我的道德完善。

孙少平在小说中人如其名，这个人物的内心从未平静。他生活在偏远山村，渴望知识，注重精神，希望在外面的天地证明自己。一个20岁出头的少年，能够走出农村，向命运挑战，试图用自己的双手和头脑来改变和把握自己的命运，并能够不悲不叹，直面现实，脚踏实地，真诚待人。这样的人永远值得我们尊重，哪怕被生活击打得遍体鳞伤，我们也应把他当英雄崇尚。但这样的人，在春天受伤，在夏天一定会好。没有文凭，没有漂亮衣裳，没有一切软硬件包装，经受生活的洗礼，在现实中感悟生命的意义，坚强而自尊地活着，这就是生活的强者。作者笔下的孙少平，跟随作者的笔，一步一步走向成熟。他走下大牙湾矿井，成为一名普通矿工，在了解我国矿业落后，煤矿资源珍贵的国情后，滋生了责任感。他没有接受调动，没有自己创业，当个80年代的万元户。他用一个普通的生命诠释着对国家的意义，像沙漠中的绿洲，珍贵、美丽、止渴。

孙少安，提起这个人，首先我们要赞叹的是他对家庭的责任感和奉献精神。小学毕业他就辍学在家，开始和父亲共担生活重担。在这里，我们看到了一个少年已明白自己的精神支柱就是亲情。随着年龄的增长，这种精神支柱会扩大为亲情、友情和爱情。这是个没有理论指导的生活中的实干家，一个改革中的先觉者，更是优秀农民的代表。他在承包了砖场，成了“农民企业家”后，为自己所在的村修建了一所学校。这样一个“农民企业家”已经能够这样支配金钱，使我们感叹真正的素质、能力、金钱观，只有生活的课本来得真切。

孙玉厚则人如其名。我们暂且不提这个朴实的农民一生怎样不畏艰辛，中国很多农民也具备这样的特质。这是特质，但不是他的“专利特质”。这个用毕生的经历和心血也没有改变贫穷的老人，他的贫穷是社会体制造成的，不能简单地归结为一个人的命运和能力。他的“专利特质”在于他懂得怎样做一个父亲，看到儿女的成绩，他会比儿女更高兴；儿女痛苦时，他比他们更痛苦。当一个父亲把自己的全部爱抛洒给自己的儿女，用己身来示范做个善良真诚的人时，我们知道了什么是真正的父亲。他的儿女也因为成长在爱中，本身也有接受爱和赋予周围人爱的能力。孙少平、孙少安、孙兰香的优秀和他们的家庭环境有着直接的关系。孙玉厚贫穷了大半辈子，他的财富就是他的子女。

田润叶就像一个在班里成绩中上的学生，知识给了她一个稳定的工作，却没有给她一个明确的人生观。因为外公的劝说，出于对二爸的关爱，她嫁给了李向前。一方面，她还没有很高的素质足以来判断和把握自己的命运；另一方面，她又顽固地不肯接受自己选择的婚姻，于是她和她的丈夫都成了这场婚姻的牺牲品。在她的身上，有中国妇女的善良、热情、朴实，也有根深蒂固的封建思想。当然后来李向前失去了双腿，他们过得很幸福，这里不作评论。

田小霞是一个现代的知识女性，关心国家大事，极有见地，视角独特，后当上省报记者。南部发洪水时，她为救一女孩牺牲。她在短暂的生命中，迸射了最美丽的光彩。

这部小说对所有在社会上挣扎打拼的人来说，都无疑是一座灯塔。

思考寄语

平凡的世界并不庸碌。平凡的世界中，奋斗是指引我们前行的明灯。青年们，用心努力，便是人生最美的风景，请将奋斗当作人生的主旋律，只要不断追求，就能创造出更美好的未来。

19 桃夭

诵读主体

桃之夭夭，灼灼其华。之子于归，宜其室家。
桃之夭夭，有蕡其实。之子于归，宜其家室。
桃之夭夭，其叶蓁蓁。之子于归，宜其家人。

知人论世

《诗经》不仅是我国最早的一部诗歌总集，而且是一部反映当时社会状况的百科全书，是我国“现实主义”诗歌传统的源头及代表作。

《诗经》内容丰富，反映了劳动与爱情、战争与徭役、压迫与反抗、风俗与婚姻、祭祖与宴会，甚至天象、地貌、动物、植物等方方面面，是周代社会生活的一面镜子。共收入自西周初期至春秋中叶约500年间的诗歌311篇，又称《诗三百》，与《尚书》《礼记》《周易》《春秋》合称为“五经”。据传为孔子编订，最初称为《诗》，被汉代儒者奉为经典，乃称《诗经》。内容分为《风》《雅》《颂》三章，艺术表现手法为赋、比、兴。《诗经》作为一部经典著作，对中国历史文化的产生和发展有着极其广泛而深远的影响，是中华民族宝贵的精神文化财富。

阅读鉴赏

《桃夭》选自《诗经·国风·周南》，是一首贺新诗。全文三章，每章四句。在周代，姑娘出嫁往往选择在万物萌发、桃花绽放的时候，故诗人以桃花起兴，为即将出嫁的新娘唱了一首“赞歌”。

第一章以花喻人，人美花娇。“桃之夭夭，灼灼其华”，写出了缤纷盛开时桃花的娇艳欲滴，为全诗涂抹上浓艳的色彩。从字面上看所写的是鲜嫩的桃花，纷纷绽蕊，实际表现出经过打扮的新娘此刻兴奋羞涩的状态，人面桃花，两相辉映。诗中既写景又写人，情景交融，烘托了一股欢乐热烈的气氛。

第二章表达了对婚后的祝愿。桃花开后，自然结果。诗人说桃树果实累累，象征着新娘早生贵子、儿孙满堂，表达了诗人对幸福美满家庭生活的期盼和美好祝愿。

第三章以桃叶的繁茂祝愿新娘家庭的兴旺发达。以桃树枝头的累累硕果和桃树枝叶的茂密成荫，表达了诗人对女子温婉持家、繁荣兴旺家族的美好祝愿。

全诗三章，每章都先以桃起兴，以花、果、叶兼作比喻，诗意与桃的自然生长状态相适应，浑然一体，层层推进，步步深入。

思考寄语

家庭是社会最基本的单位。婚姻家庭的幸福，是对未来的一种期待。在世界上没有一种不需要用心去管理的幸福，只有记住“宜室”“宜家”“宜人”，我们才能得到想要的美满幸福。

方圆相宜
行稳致远

1 齐人有一妻一妾

诵读主体

齐人有一妻一妾而处室者，其良人出，则必餍酒肉而后反。其妻问所与饮食者，则尽富贵也。其妻告其妾曰：“良人出，则必餍酒肉而后反；问其与饮食者，尽富贵也，而未尝有显者来，吾将瞷良人之所之也。”

蚤起，施从良人之所之，遍国中无与立谈者。卒之东郭墦间，之祭者，乞其余；不足，又顾而之他。此其为餍足之道也。

其妻归，告其妾，曰：“良人者，所仰望而终身也，今若此。”与其妾讪其良人，而相泣于中庭，而良人未之知也，施施从外来，骄其妻妾。

由君子观之，则人之所以求富贵利达者，其妻妾不羞也，而不相泣者，几希矣。

知人论世

孟子（约前372—前289），名轲，字子舆（待考，一说字子车或子居）。战国时期邹国（今山东邹城）人，鲁国庆父后裔。中国古代著名思想家、教育家，战国时期儒家代表人物。著有《孟子》一书。孟子继承并发扬了孔子的思想，成为仅次于孔子的一代儒家宗师，有“亚圣”之称，与孔子合称为“孔孟”。孟子本为“鲁国三桓”之后，父名激，母仉氏。孟子远祖是鲁国贵族孟孙氏，后家道衰微，从鲁国迁居邹国。孟子三岁丧父，孟母艰辛地将他抚养成人，孟母对其管束甚严，其《孟母三迁》《孟母断织》等故事，成为千古美谈，是后世母教之典范。

阅读鉴赏

译文：

齐国有一个人，家里有一妻一妾。丈夫每次出门，必定是吃得饱饱地、喝得醉醺醺地回家。他妻子问跟他一道吃喝的是些什么人，据他说来全都是些有钱有势的人。他妻子告诉他的妾说："丈夫出门，总是酒醉肉饱地回来；问他和些什么人一道吃喝，据他说来全都是些有钱有势的人，但我们却从来没见到什么有钱有势的人物到家里面来过，我打算悄悄地看看他到底去些什么地方。"

第二天早上起来，她便尾随在丈夫的后面，走遍全城，没有看到一个人停下来和她丈夫说过话。最后他走到了东郊的墓地，向祭扫坟墓的人要些剩余的祭品吃；不够，又东张西望地到别处去乞讨。这就是他酒醉肉饱的办法。

他的妻子回到家里，告诉他的妾说："丈夫是我们仰望并终身依靠的人，现在他竟然是这样的。"二人在庭院中咒骂着，哭泣着，而丈夫还不知道，得意洋洋地从外面回来，在他的妻妾面前摆威风。

在君子看来，人们用来求取升官发财的方法，能够不使他们的妻妾引以为耻而共同哭泣的，是很少的。

孟子的寓言往往讲述小人物的家长里短、学习、修养，甚至街谈巷议，表面看来似乎与政治大事毫不相干，而孟子却极尽夸张之能事，在形象的故事中寄托深刻的寓意，将深奥抽象的道理变为通俗易懂、是非分明的故事。

这篇文章在叙述上由浅入深，先写出现象，再点出事件的结果，通过层层提示，剥去"齐人"虚伪的外衣。具体来说，先写"齐人"口头上的吹牛（"所与饮食者""尽富贵也"）引起其妻的疑心"未尝有显者来"；再写其妻观察所见："遍国中无与立谈者"，是说这个自吹自擂的家伙连普通老百姓都没有一个搭理他的，所谓"尽富贵也"纯属吹牛。

孟子借用"齐人"这一故事，却并不限制在故事本身的意义上，而是把它的主旨升华了一步，用来揭露讽刺社会上那些一心追求利禄，不惜出卖灵魂的人。

思考寄语

青年人要“立乎其大”，培养自己的理想人格，做到“穷不失义，达不离道”“穷则独善其身，达则兼济天下”“富贵不能淫，贫贱不能移，威武不能屈”，立志做一个以天下为己任、追求道德完善的人，只有这样，才能真正实现自我道德价值。

2 白马篇

诵读主体

白马饰金羁，连翩西北驰。借问谁家子，幽并游侠儿。
少小去乡邑，扬声沙漠垂。宿昔秉良弓，楛矢何参差。
控弦破左的，右发摧月支。仰手接飞猱，俯身散马蹄。
狡捷过猴猿，勇剽若豹螭。边城多警急，虏骑数迁移。
羽檄从北来，厉马登高堤。长驱蹈匈奴，左顾凌鲜卑。
弃身锋刃端，性命安可怀？父母且不顾，何言子与妻！
名编壮士籍，不得中顾私。捐躯赴国难，视死忽如归！

知人论世

曹植（192—232），字子建，沛国谯县（今安徽省亳州市）人，是曹操与武宣卞皇后所生的第三子，生前曾为陈王，去世后谥号“思”，因此又称陈思王。

曹植是三国时期著名文学家，作为建安文学的代表人物之一与集大成者，他在两晋南北朝时期被推尊到文章典范的地位。其代表作有《洛神赋》《白马篇》《七哀诗》等。后人因其文学上的造诣而将他与曹操、曹丕合称为“三曹”。其诗以笔力雄健和词彩华丽见长，留有集三十卷，已佚，今存《曹子建集》为宋人所编。王士祯尝论汉魏以来二千年间诗家堪称“仙才”者，曹植、李白、苏轼三人耳。

阅读鉴赏

译文：

白马带着那金饰的络头，奔腾跳跃着向西北飞驰。
要问这马上是谁家少年？原是那幽州和并州的游侠子弟。
他少小离开自己的故乡，在沙漠边上把威名传扬。
常秉持着精弓扬鞭跃马，身挂良箭显露高强武艺。
把弓向左张能射透箭靶，向右张便能将靶心穿击。
抬手可迎射奔跑的飞猿，俯身能射碎作靶的“马蹄”。
灵巧敏捷足以赛过猿猴，又如同豹螭般勇猛轻疾。
眼下边城的军情很严重，入侵之寇在频繁地迁移。
火急的情报从北方传来，侠士又催马登上了高堤。
长驱踏入了匈奴的军营，回身又击退了鲜卑侵袭。
他置身刀枪中毫不畏惧，哪会将自己的生命顾惜？
他连父母都无暇照管，更何谈家中的儿女娇妻？
名字已编入壮士的名册，便不能再来把私事顾及。
为奔赴国难愿献身疆场，他视死如归有满腔正气！

《白马篇》又名《游侠篇》，是曹植自创的新题乐府诗，属《杂曲歌辞·齐瑟行》。曹植在《白马篇》中塑造了一位游走边塞、忠勇报国的青年游侠形象，他不仅有侠士的传统气质，还是列入军人名册的卫国壮士。抒发了为解救国难而视死如归的豪迈精神，表达了热爱国家的感情。

全诗结构严谨。前写游侠的成长，为后面作铺垫；后写游侠的为国杀敌业绩，是前面的发展和归宿。前后一气，浑然一体。诗中人物形象鲜明。游侠的英姿、武艺、勇武、爱国热情、内心活动，均写得恰到好处。此外，前一部分明暗结合，以明衬暗以及细节的描写，后一部分详略手法的运用，均起到了描绘形象的作用。

思考寄语

在强敌侵犯，国家民族将遭受凌辱，和平发展、复兴大业将遇到挫折时，为了国家和民族利益勇于奉献自己的智慧和生命，这就是英雄！

漫长孤独、默默无闻的坚守铸就了新时代的楷模，他们是当今时代的天之骄子，张桂梅、郭明义、沈浩、杨善洲、张丽莉、吴斌、高铁成、谢尚威……他们的平凡而又惊天动地的英雄精神给我们带来巨大的心灵震撼。他们的先进事迹和高尚品德，是对社会主义核心价值体系的生动诠释，是中国思想道德主流的真实写照。

3 游子吟

诵读主体

慈母手中线，游子身上衣。
临行密密缝，意恐迟迟归。
谁言寸草心，报得三春晖。

知人论世

孟郊（751—814），唐代诗人、字东野、湖州武康（今浙江德清）人。少年时隐居嵩山。近50岁才中进士，任溧阳县尉。与韩愈交谊颇深。其诗感伤自己的遭遇，多寒苦之音。用字造句力避平庸浅率，追求瘦硬。与贾岛齐名，有“郊寒岛瘦”之称。著有《孟东野诗集》。

阅读鉴赏

译文：

慈祥的母亲手里把着针线，为即将远游的孩子赶制新衣。

临行她忙着缝得严严实实，担心孩子此去难得回归。

谁能说像小草的那点孝心，可报答春晖般的慈母恩惠？

孟郊的《游子吟》通俗易懂，家喻户晓。通过对缝补衣裳这一生活细节的描写，歌颂了母爱的伟大，表达了天下儿女知恩必报、有所作为的思想感情。

《游子吟》全篇共六句，前三句“慈母手中线，游子身上衣。临行密密缝”，写儿子出门远行，母亲在儿子启程之时，又临行密密缝补。反映了母亲对儿子的关爱，又表达了儿子因获母爱而倍感幸福、温暖的心情。第四句“意恐迟迟归”作了回答。儿行千里母担忧，一针一线寄牵愁。由此，游子对慈母为自己缝补衣裳这一举动的准确认知，既有效地承接了上文，又自然地开启了下文。第五、六句“谁言寸草心，报得三春晖”，并未直接回答如何报恩，而是通过比兴，以物喻人，巧妙作答。作者以三春温暖的阳光比喻伟大慈祥的母爱，母爱无疆，终生难报。

思考寄语

母亲的呼唤是世界最美的声音，我们要赞美作为劳动者和孕育者的母亲，但更重要的是儿女要知恩必报。草虽细微，却欣荣盎然，以昂扬的姿态回馈阳光、雨露和大地的深恩，更何况人呢？母爱本无疆，儿女最应当自强，幸福应该是双向奔赴的。

4 冬夜读书示子聿

诵读主体

古人学问无遗力，少壮工夫老始成。
纸上得来终觉浅，绝知此事要躬行。

知人论世

陆游（1125—1210），字务观，号放翁，汉族，越州山阴（今浙江绍兴）人，尚书右丞陆佃之孙，南宋文学家、史学家、爱国诗人。

陆游生逢北宋灭亡之际，少年时即深受家庭爱国思想的熏陶。宋高宗时，参加礼部考试，因受秦桧排斥而仕途不畅。宋孝宗时赐进士出身。中年入蜀，投身军旅生活。嘉泰二年（1202），宋宁宗诏陆游入京，主持编修孝宗、光宗《两朝实录》和《三朝史》，官至宝章阁待制。晚年退居家乡。创作诗歌今存九千多首，内容极为丰富。著有《剑南诗稿》《渭南文集》《南唐书》《老学庵笔记》等。

陆游一生笔耕不辍，诗词文俱有很高成就，其诗语言平易晓畅、章法整饬谨严，兼具李白的雄奇奔放与杜甫的沉郁悲凉，尤以饱含爱国热情对后世影响深远。

阅读鉴赏

译文：

古人学习知识不遗余力，年轻时下功夫，到老年才有所成就。

从书本上得来的知识毕竟不够完善，要透彻地认识学习知识这件事还必须亲自实践。

子聿是陆游的儿子。陆游在冬日寒冷的夜晚，沉醉书房，乐此不疲地啃读诗书。窗外，北风呼啸、冷气逼人，诗人却浑然忘我，置之脑后，静寂的夜里，他抑制不住心头奔腾踊跃的情感，毅然挥就了8首《冬夜读书示子聿》的诗，满怀深情地送给儿子，本诗是流传千古的第3首。

本诗是一首教子诗，诗人要告诉儿子学习的道理。

诗的前两句，赞扬了古人刻苦学习的精神以及做学问的艰难。说明只有少年时养成良好的学习习惯，竭尽全力地打好扎实的基础，将来才能成就一番事业。他语重心长地告诫儿子，趁着年少精力旺盛，抓住美好时光奋力拼搏，莫让青春年华付之东流。

诗的后两句，特别强调只有经过亲身实践，才能把书本上的知识变成自己的实际本领。诗人从书本知识和社会实践的关系着笔，强调实践的重要性，凸显其不凡的真知灼见。作者的意图非常明显，旨在激励儿子不要片面满足于书本知识，而应在实践中夯实，进一步获得升华。

诗中通过写陆游对儿子子聿的教育，告诉我们做学问一定要有孜孜不倦、持之以恒的精神。一个既有书本知识又有实践经验的人，才是真正有学问的人。

思考寄语

东汉思想家王充说过："人才有高下，知物由学。"这句话的意思是：人的才能有高下之分，要想了解事物就开始学习。获取知识要靠学习，学习方可"知"。但一味地死读书，脱离实践是不可行的。因为知是行之始，行是知之成。青年人要勇于实践、勇于探索、勇于尝试新事物。习近平总书记也倡导"功崇惟志，业广惟勤""积土而为山，积水而为海""空谈误国、实干兴邦"的实践理念，我们要尚行（言胜于行）、敏行（明辨善行）、力行（身体力行），践行我国传统文化中知行合一的精神和马克思主义的实践观。

5 小窗幽记·二则

诵读主体

卷四　灵（节选）

我争者，人必争，虽极力争之，未必得；我让者，人必让，虽极力让之，未必失。

卷五　素（节选）

宠辱不惊，闲看庭前花开花落；去留无意，漫随天外云卷云舒。

知人论世

《小窗幽记》为陈继儒集编的修身处世格言。

陈继儒（1558—1639），字仲醇，号眉公、麋公，松江府华亭（今上海市松江区）人。明朝文学家、画家。诸生出身，29岁开始隐居在小昆山，后居东佘山，关门著述，工诗善文，书法学习苏轼和米芾，兼能绘事，屡次皇诏征用，皆以疾辞。擅长墨梅、山水，画梅多册页小幅，自然随意，意态萧疏。论画倡导文人画，持南北宗论，重视画家修养，赞同书画同源，有《梅花册》《云山卷》等传世。著有《陈眉公全集》《小窗幽记》《吴葛将军墓碑》《妮古录》。

阅读鉴赏

译文：

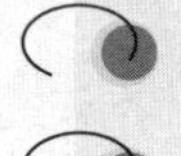

我争夺的东西，别人肯定也争夺，虽然极力争夺，也未必能得到；我谦让的东西，别人也必会谦让，虽然极力谦让，也不一定会失去。

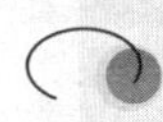

宠幸或者侮辱都不能令心有所惊动，悠闲地欣赏庭前花开花落；去或留都不在意，只是随着天上的白云或卷或舒。

卷四标题为“灵”。天、地、人这三灵，各有其展现灵性的方法。人在天地之间，阅尽其妙，享尽其福，尝尽其万般滋味，即使山川无言、天光沉默，而草木生生不息，春风秋雨犹自沐人。人对生命、对自然都应心存感恩，感念天地灵气带给我们的无尽风光，感念一路走来，我们经历的酸甜苦辣。

卷五标题为“素”。“素”是指素心、素性、素雅、素洁。这既包括对外在环境的追求，也包括对内在心灵的要求，是在涤除了世俗的种种痴念之后，体会到内心的单纯朴素之时才能得到。

《小窗幽记》分为十二卷：醒、情、峭、灵、素、景、韵、奇、绮、豪、法、倩。主要讲述安身立命的处世之道。

思考寄语

人活得快不快乐，心态或看问题的心境起到很大的作用。心态好的人，认为半瓶水还有半瓶，心态不好的人则认为半瓶水就只剩半瓶了。对待得与失，我们要用平和的心态去面对，让心境沉淀下来，你就会惊奇地发现，原来我并没有那么多烦恼，人生可以过得轻松、自在。

6 礼记·儒行（节选）

诵读主体

温良者，仁之本也；敬慎者，仁之地也；宽裕者，仁之作也；孙接者，仁之能也；礼节者，仁之貌也；言谈者，仁之文也；歌乐者，仁之和也；分散者，仁之施也。儒皆兼此而有之，犹且不敢言仁也。其尊让有如此者。

知人论世

《礼记》，儒家经典之一，亦称《小戴礼》或《小戴礼记》。据传为孔子的七十二弟子及其学生们所作，西汉戴圣所编，共四十九篇。书中记述个人修身、教育、教学之法、学制、政治、以教化政、大同社会、礼制与刑律等。《礼记》是儒家“三礼”之一，“五经”之一，“十三经”之一。

阅读鉴赏

译文：

温厚善良，是仁德的根本；恭敬谨慎，是仁德的基础；宽容大度，是仁德的动作；谦逊地接物，是仁德的能力；礼节仪态，是仁德的外貌；言语谈吐，是仁德的文采；歌舞喜乐，是仁德的和悦；分散财物，接济穷人，是仁德的布施。儒者具备了这些美德，还不敢说自己已经合乎“仁德”的标准了。儒者对人的谦让就是这样的。

这篇文章记录了鲁哀公问孔子关于儒者的行为应该是怎样的，孔子作了详细的回答。儒者必须是仁德之人，而温厚善良是仁德的根本。

春秋末年，儒者没有多少是以道德名世的，满天下却多是穿着儒服自称儒者的人。于是鲁哀公有点戏弄地问孔子：“夫子之服，其儒服与？”孔子回答说：“君子之学也博，其服也乡；丘不知儒服。”

评价儒者只从服饰来谈，比较可笑。孔子也无意反唇相讥，于是便从15个方面直接讲述儒行，分别是：容貌、备预、近人、特立、刚毅、自立、仕、忧思、宽裕、举贤援能、任举、特立独行、规为、交友、尊让。

子曰：“汝为君子儒！”中国的知识分子自古就有“先天下之忧而忧”的使命感，也有“富贵于我如浮云”的美德。《儒行》无疑是中国古代知识分子的理想行为准则，是儒者的典范，也是对君子儒的最完整、最确切的诠释。

孔子将“温良”当作“仁”之本，而不仅仅关注颜色与容貌之态，从而明确地表达出“温”在众德目之中的根本地位，这才是大勇者具备的素质。

在现实生活中，真正强大的人，其实都会有温和的特质，内心越温和，越是虚怀若谷、行事从容、处变不惊，微笑面对牢骚、愤怒、误解和怨恨。让消极情绪如春风化雨般消融，做一个温和的人吧，你会更有力量。

7 诫子书

诵读主体

夫君子之行，静以修身，俭以养德。非淡泊无以明志，非宁静无以致远。夫学须静也，才须学也，非学无以广才，非志无以成学。淫慢则不能励精，险躁则不能治性。年与时驰，意与日去，遂成枯落，多不接世，悲守穷庐，将复何及！

知人论世

诸葛亮（181—234），字孔明，号卧龙，琅琊阳都（今山东省沂南县）人，三国时期蜀汉丞相，杰出的政治家、军事家、发明家、文学家。代表作有《出师表》《诫子书》等。《诫子书》是诸葛亮写给他儿子诸葛瞻的一封家书。从文中可以看出，诸葛亮是一位品格高洁、才学渊博的父亲，对儿子的殷殷教诲与期望尽在此书中。它的主旨是劝勉儿子勤学立志，修身养性要从淡泊宁静中下功夫，最忌怠惰险躁。

阅读鉴赏

译文：

有道德修养的人，依靠内心安静来修养身心，以俭朴节约财物来培养自己高尚的品德。不恬静寡欲无法明确志向，不排除外来干扰无法达到远大目标。学习必须静心专一，而才干来自勤奋学习。不学习就无法增长自己的才干，不明确志向就不能在学习上获得成就。纵欲放荡、消极怠慢就不能勉励心志使精神振作，冒险草率、急躁不安就不能修养性情。年华随时光飞驰，意志随岁月逐渐消逝。最终枯败零落，大多不接触世事、不为社会所用，只能悲哀地困守在自己穷困的破舍里，到时悔恨又怎么来得及？

首先，文章开篇即以“夫君子之行，静以修身，俭以养德”来阐述君子的行为准则，提出了修身养德的重要性。静和俭，是诸葛亮认为君子应该具备的两个基本品质。静，是指内心的宁静，不为外界所扰，能够专注于自我提升；俭，则是指生活的节俭，不奢华浪费，能够保持清醒的头脑和高尚的品德。

其次，文章进一步阐述了“非淡泊无以明志，非宁静无以致远”的道理。这句话强调了淡泊和宁静对于实现人生目标的重要性。只有淡泊名利，才能明确自己的志向；只有保持内心的宁静，才能走得更远。

再次，文章提出了学习和才能的关系，“夫学须静也，才须学也，非学无以广才，非志无以成学”。这句话强调了学习的重要性，以及学习和才能、志向的紧密关系。只有静心学习，才能获得知识；只有不断学习，才能拓展自己的才能；只有坚定志向，才能促使自己不断学习、不断进步。

复次，文章告诫儿子要戒骄戒躁，“淫慢则不能励精，险躁则不能治性”。这句话强调了骄傲和急躁对于个人成长的危害。骄傲自满会使人失去进取心，而急躁则会使人失去理智，无法专注于自我提升。

最后，文章以“年与时驰，意与日去，遂成枯落，多不接世，悲守穷庐，将复何及”作结，告诫儿子要珍惜时间，不要虚度光阴。时间如流水般逝去，如果不珍惜时间、不努力奋斗，最终只会一事无成、悔恨终身。

整篇文章言简意赅、深入浅出地阐述了修身养性、治学做人的道理。通过诸葛亮的这些教诲，我们可以更好地理解中国传统文化中对个人品德和学识的重视，以及对时间和努力的珍视。

思考寄语

《诫子书》不仅是对诸葛瞻的教诲，更是对我们每一个人的启示和鞭策。它告诉我们，要修身养性，提升自我；要勤奋学习，追求卓越；要立志高远，勇往直前。只有这样，我们才能在人生的道路上走得更远、更稳、更好。愿我们都能从《诫子书》中汲取智慧和力量，为自己的人生书写精彩的篇章！

8 察　今

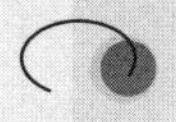

诵读主体

上胡不法先王之法？非不贤也，为其不可得而法。先王之法，经乎上世而来者也，人或益之，人或损之，胡可得而法？虽人弗损益，犹若不可得而法。凡先王之法，有要于时也，时不与法俱至，法虽今而至，犹若不可法。故择先王之成法，而法其所以为法。先王之所以为法者，何也？先王之所以为法者，人也，而己亦人也。故察己则可以知人，察今则可以知古。古今一也，人与我同耳。有道之士，贵以近知远，以今知古，以益所见知所不见。故审堂下之阴，而知日月之行、阴阳之变；见瓶水之冰，而知天下之寒、鱼鳖之藏也。尝一脟肉，而知一镬之味、一鼎之调。

荆人欲袭宋，使人先表澭水。澭水暴益，荆人弗知，循表而夜涉，溺死者千有余人，军惊而坏都舍。向其先表之时可导也，今水已变而益多矣，荆人尚犹循表而导之，此其所以败也。今世之主法先王之法也，有似于此。其时已与先王之法亏矣，而曰此先王之法也，而法之。以此为治，岂不悲哉！

故治国无法则乱，守法而弗变则悖，悖乱不可以持国。世易时移，变法宜矣。譬之若良医，病万变，药亦万变。病变而药不变，向之寿民，今为殇子矣。故凡举事必循法以动，变法者因时而化。是故有天下七十一圣，其法皆不同；非务相反也，时势异也。故曰良剑期乎断，不期乎镆铘；良马期乎千里，不期乎骥骜。夫成功名者，此先王之千里也。

楚人有涉江者，其剑自舟中坠于水，遽契其舟，曰："是吾剑之所从坠。"舟止，从其所契者入水求之。舟已行矣，而剑不行，求剑若此，不亦惑乎？以此故法为其国，与此同。时已徙矣，而法不徙，以此为治，岂不难哉！

有过于江上者，见人方引婴儿而欲投之江中，婴儿啼。人问其故，曰："此其父善游。"其父虽善游，其子岂遽善游哉？此任物，亦必悖矣。荆国之为政，有似于此。

知人论世

吕不韦开始任丞相是在秦庄襄王元年（前249），罢相在秦始皇十年（前237），正是秦统一全国的前夕。当时秦的变法已有多年历史，但六国中反对变法的大有人在。秦始皇三十三年（前214）"焚书"，就是由齐人淳于越提出"师古"引起的。这篇文章就是针对"师古"的主张写的。《察今》是战国时期吕不韦组织属下门客创作的一篇散文，阐述了应当明察当今形势，因时变法，不宜拘泥古法的道理。以发展的观点向秦国的统治者说明，法令制度的制定应从当时的社会实际出发，并随着客观形势的变化而与时俱进。全文语句工整，语气明快，围绕中心反复申说，有论有断，并穿插寓言故事，使文章显得气势充沛、活泼生动。

阅读鉴赏

文章的中心论点是"因时变法"，这一中心论点是通过从反面论证"先王之法不可法"而得到证明的。换句话说，"察今而变法"的论点是通过批驳"泥古而守法"而得到证明的。

作者依次陈述了三点理由：第一，先王之法历代有损益，已非原样；第二，对先王之法解说不一，所谓"言异而典殊"，已无法遵循；第三，"时不与法俱至"，先王之法已经过时。从中进而提出"故择先王之成法，而法其所以为法"的正面论点，最后得出"世易时移，变法宜矣"的结论，从而阐明"因时变法"的思想。

《察今》主要反映了法家的思想，体现了当时新兴地主阶级要求建立大一统封建中央集权国家的朝气蓬勃的精神。但作者认为，只有"贤主"才能"因时变法"，而"众庶"是"不敢议法"的，反映了轻视人民群众的观点是不可取的。

为了说明中心论点，文章还穿插写了荆人袭宋、刻舟求剑、引婴投江三个寓言故事。这三个故事均紧扣论题，但又各有侧重。荆人袭宋与刻舟求剑的故事都是说时间已经推移，情况有了变化，若仍然亘古不变，必然招致失败；引婴投江则是说客观的对象已有了变化，而主观的方面仍然固执地保守着陈旧的眼光，必与客观事物格格不入。故事中反复提到"荆""楚"，这是因为战国末年楚国国君大多昏庸无能，国内政治混乱，因而流传下来许多"政治笑话"，常被人们引为笑柄。

思考寄语

《察今》告诉我们，时代在不断变化，社会在不断进步，我们必须学会观察现实，适应时代，才能不被淘汰，取得成功。

在现实生活中，我们常常会遇到各种挑战和困难。有时候，我们可能会因为过去的经验和观念而束缚自己的思维，难以看到事物的本质和真相。因此，我们需要像《察今》中所说的那样，放下过去的包袱，用全新的眼光去观察世界、理解事物。

同时，《察今》也提醒我们，要勇于接受新事物，敢于尝试新方法。在这个日新月异的时代，只有不断创新、不断进取，才能跟上时代的步伐，实现自己的梦想和目标。

9 崤之战

诵读主体

冬，晋文公卒。庚辰，将殡于曲沃；出绛，柩有声如牛。卜偃使大夫拜，曰："君命大事：将有西师过轶我，击之，必大捷焉。"

杞子自郑使告于秦曰："郑人使我掌其北门之管，若潜师以来，国可得也。"穆公访诸蹇叔。蹇叔曰："劳师以袭远，非所闻也。师劳力竭，远主备之，无乃不可乎？师之所为，郑必知之，勤而无所，必有悖心。且行千里，其谁不知？"公辞焉。召孟明、西乞、白乙，使出师于东门之外。蹇叔哭之，曰："孟子，吾见师之出而不见其入也！"公使谓之曰："尔何知！中寿，尔墓之木拱矣！"

蹇叔之子与师，哭而送之曰："晋人御师必于崤。崤有二陵焉：其南陵，夏后皋之墓也；其北陵，文王之所辟风雨也。必死是间，余收尔骨焉。"秦师遂东。

三十三年春，秦师过周北门，左右免胄而下，超乘者三百乘。王孙满尚幼，观之，言于王曰："秦师轻而无礼，必败。轻则寡谋，无礼则脱，入险而脱。又不能谋，能无败乎？"及滑，郑商人弦高将市于周，遇之，以乘韦先，牛十二犒师，曰："寡君闻吾子将步师出于敝邑，敢犒从者。不腆敝邑，为从者之淹，居则具一日之积，行则备一夕之卫。"且使遽告于郑。

郑穆公使视客馆，则束载、厉兵、秣马矣。使皇武子辞焉，曰：

“吾子淹久于敝邑，唯是脯资饩牵竭矣。为吾子之将行也，郑之有原圃，犹秦之有具囿也，吾子取其麋鹿，以闲敝邑，若何？”杞子奔齐，逢孙、杨孙奔宋。

孟明曰：“郑有备矣，不可冀也。攻之不克，围之不继，吾其还也。”灭滑而还。

晋原轸曰：“秦违蹇叔，而以贪勤民，天奉我也。奉不可失，敌不可纵。纵敌患生，违天不祥。必伐秦师！”栾枝曰：“未报秦施而伐其师，其为死君乎？”先轸曰：“秦不哀吾丧而伐吾同姓，秦则无礼，何施之为？吾闻之：‘一日纵敌，数世之患也’。谋及子孙，可谓死君乎！”遂发命，遽兴姜戎。子墨衰绖，梁弘御戎，莱驹为右。夏四月辛巳，败秦师于崤，获百里孟明视、西乞术、白乙丙以归。遂墨以葬文公，晋于是始墨。

文嬴请三帅，曰：“彼实构吾二君，寡君若得而食之，不厌，君何辱讨焉？使归就戮于秦，以逞寡君之志，若何？”公许之。先轸朝，问秦囚。公曰：“夫人请之，吾舍之矣。”先轸怒曰：“武夫力而拘诸原，妇人暂而免诸国，堕军实而长寇仇，亡无日矣！”不顾而唾。公使阳处父追之，及诸河，则在舟中矣。释左骖，以公命赠孟明。孟明稽首曰：“君之惠，不以累臣衅鼓，使归就戮于秦，寡君之以为戮，死且不朽。若从君惠而免之，三年将拜君赐。”

秦伯素服郊次，乡师而哭，曰：“孤违蹇叔，以辱二三子，孤之罪也。”不替孟明，曰：“孤之过也，大夫何罪？且吾不以一眚掩大德。”

知人论世

《左传》，相传为春秋时期史学家左丘明著，是中国古代一部叙事完备的编年体史书，更是先秦散文著作的代表。作品原名为《左氏春秋》，汉代改称《春秋左氏传》《春秋内传》《左氏》，汉朝以后多称《左传》。它是儒家重要经典之一，是历代儒客学子重要的研习史书，与《公羊传》《谷梁传》合称“春秋三传”。

阅读鉴赏

秦晋崤之战是春秋时期发生在晋秦争霸战争中的一场决定性战役。

周襄王二十五年（前627），秦穆公趁晋丧而派兵偷袭郑国，后因郑有备而退回。晋襄公率军在晋国崤山（今河南省洛宁县东宋乡王岭村交战沟）隘道设伏全歼回师的秦军，俘虏秦军三帅。

崤之战是春秋史上的一次重要战役。它的爆发不是偶然的，而是秦、晋两国根本战略利益矛盾冲突的结果。秦在崤之战中轻启兵端，孤军深入，千里远袭，遭到前所未有的失败。从此，秦国东进中原之路被晋国扼制，穆公不得不向西用兵，“益国十二，开地千里，遂霸西戎”，崤之战标志着晋、秦关系由友好转为世仇。崤之战后，秦国立即将其在攻鄀之战中（参见秦楚鄀之战）所俘楚将斗克释放，与楚国结盟，共同抗晋。此后，秦采取联楚制晋之策，成为晋国在西方的心腹大患。而晋国为保持霸主地位，也不得不在西、南方向同时应对秦、楚两个大国的挑战。因此，楚国虽未参加崤之战，却是崤之战的最大受益者。

思考寄语

从战役本身来看，晋襄公能够在崤山设伏全歼回师的秦军，这本身就是一种非凡的军事才能。他的行动不仅显示了晋国的军事实力，更体现了其战略眼光和战术运用的高超水平。

此外，秦穆公的轻敌心态也给我们提供了深刻的教训。他过于自信地认为自己的军队是不可战胜的，没有充分估计晋国的实力和可能采取的行动。这种傲慢心态往往会导致严重的后果，甚至导致战争的失败。因此，我们应该时刻保持谦虚谨慎的态度，无论面对什么样的困难和挑战，都要保持清醒头脑，进行冷静分析。

总之，崤之战是一段充满智慧和启示的历史故事。它告诉我们应该珍惜和平、避免战争，同时也要保持谦虚谨慎的态度，不断学习和进步，以应对未来的挑战和风险。

10 唐雎不辱使命

诵读主体

秦王使人谓安陵君曰："寡人欲以五百里之地易安陵，安陵君其许寡人！"安陵君曰："大王加惠，以大易小，甚善；虽然，受地于先王，愿终守之，弗敢易！"秦王不说。安陵君因使唐雎使于秦。

秦王谓唐雎曰："寡人以五百里之地易安陵，安陵君不听寡人，何也？且秦灭韩亡魏，而君以五十里之地存者，以君为长者，故不错意也。今吾以十倍之地，请广于君，而君逆寡人者，轻寡人与？"唐雎对曰："否，非若是也。安陵君受地于先王而守之，虽千里不敢易也，岂直五百里哉？"

秦王怫然怒，谓唐雎曰："公亦尝闻天子之怒乎？"唐雎对曰："臣未尝闻也。"秦王曰："天子之怒，伏尸百万，流血千里。"唐雎曰："大王尝闻布衣之怒乎？"秦王曰："布衣之怒，亦免冠徒跣，以头抢地尔。"唐雎曰："此庸夫之怒也，非士之怒也。夫专诸之刺王僚也，彗星袭月；聂政之刺韩傀也，白虹贯日；要离之刺庆忌也，仓鹰击于殿上。此三子者，皆布衣之士也，怀怒未发，休祲降于天，与臣而将四矣。若士必怒，伏尸二人，流血五步，天下缟素，今日是也。"挺剑而起。

秦王色挠，长跪而谢之曰："先生坐！何至于此！寡人谕矣：夫韩、魏灭亡，而安陵以五十里之地存者，徒以有先生也。"

知人论世

刘向（前77—前6），西汉经学家、目录学家、文学家。原名更生，字子政，沛郡丰邑（今江苏省徐州市）人。楚元王刘交四世孙。汉宣帝时，为谏大夫。汉元帝时，任宗正。因反对宦官弘恭、石显下狱，旋得释。后又因反对恭、显下狱，被免为庶人。汉成帝即位后，得进用，任光禄大夫，改名为“向”，官至中垒校尉。曾奉命领校秘书，所撰《别录》为中国最早的图书公类目录。治《春秋穀梁传》，编订整理《战国策》。

本文节选自《战国策》。《战国策》是西汉刘向编订的国别体史书，展示了战国时代的历史特点和社会风貌，是研究战国历史的重要典籍。

阅读鉴赏

《唐雎不辱使命》记叙了唐雎在国家存亡的危急关头出使秦国，与秦王针锋相对地进行斗争，最终折服秦王，保存国家，完成使命的经过；歌颂了他不畏强暴、敢于斗争的爱国精神；揭露了秦王骄横欺诈、外强中干、色厉内荏的本质。虽不假修饰，却十分鲜明生动，在刻画人物性格方面取得了很高的成就。

文章最引人注目的是人物的对白。除了很少几句串场的叙述，几乎全是对白；用对白交代事情的起因、经过和结局，重点突出，层次清晰；用对白表现人物的精神面貌，安陵君的委婉坚定，唐雎的沉着干练、言语锐利、义正词严，秦王的骄横无理，无不跃然纸上。

作者充分运用了对比、夸张等艺术手法以烘托气氛，同时对二人情态举止的变化略加点染，强化冲突，精心营造戏剧性的惊心动魄的场面。这篇文章把这两种有效的表现方法结合起来，相辅相成，达到了显著效果。

全文不到400字，前后层次井然而委婉跌宕。以“易地”起论，至“长跪而谢”，围绕着安陵国土的“易”与“不易”，通过“天子之怒”和“布衣之怒”的波澜起伏，展开了唇枪舌剑的激烈论战，塑造了一位威武不屈、见义勇为的侠士形象，寄寓了作者反抗强暴的理想；同时也勾勒了秦王虚伪、骄横和凶暴的丑恶面目，从而阐明了反抗暴秦、维护国家领土和主权的正义力量是不可战胜的。这正是唐雎能够战胜强秦的精神力量，也是这篇文章永具艺术魅力的关键所在。文章节奏紧凑，语言生动犀利，口吻神态毕肖，表现出很好的写作技巧。

《唐雎不辱使命》不仅是一篇历史散文，更是一种精神的传承和弘扬。它告诉我们，在外交斗争中，智慧和勇气同样重要；在面对困难和挑战时，我们要有坚定的信念和毫不动摇的决心；在捍卫国家尊严和利益时，我们要有勇气和担当精神。愿我们都能从这篇故事中汲取智慧和力量，为国家的繁荣富强贡献自己的力量。

11 独坐敬亭山

诵读主体

众鸟高飞尽，孤云独去闲。
相看两不厌，只有敬亭山。

知人论世

李白（701—762），字太白，号青莲居士，是继屈原之后最具个性特色、最伟大的浪漫主义诗人。有“诗仙”之美誉，与杜甫并称“李杜”。其诗以抒情为主，表现出蔑视权贵的傲岸精神，对人民疾苦表示同情，又善于描绘自然景色，表达对祖国山河的热爱。其诗风雄奇豪放，想象丰富，语言流转自然，音律和谐多变，善于从民间文艺和神话传说中吸取营养和素材，构成其特有的瑰玮绚烂的色彩，达到盛唐诗歌艺术的巅峰。其存世诗文千余篇，有《李太白集》三十卷。

阅读鉴赏

此诗前两句“众鸟高飞尽，孤云独去闲”，看似写眼前之景，其实把孤独之感写尽了：天上几只鸟儿高飞远去，直至无影无踪；寥廓的长空还有一片白云，却也不愿停留，慢慢地越飘越远，似乎世间万物都在厌弃诗人。“尽”“闲”两个字，把读者引入一个“静”的境界，仿佛是在一群山鸟的喧闹声消除之后感到格外清静；在翻滚的厚云消失之后感到特别清幽平静。“尽”，既有消失的意思，又有慢慢消失在天际的感觉。闲，主要是为了表达闲适的感情，以孤云的闲适衬托作者心境的闲适。这两个词对“独”有意境上的烘托作用，写出作者此刻独坐但情意悠然，很符合李白本人的仙道思想。

因此，这两句是写“动”见“静”，以“动”衬“静”。这种“静”，正烘托出诗人心灵的孤独和寂寞。这种生动形象的写法，能给读者以联想，并且暗示了诗人在敬亭山游览观望之久，勾画出他独坐出神的形象，为下联“相看两不厌”作了铺垫。

三、四两句“相看两不厌，只有敬亭山”用浪漫主义手法，将敬亭山人格化、个性化。尽管鸟飞云去，诗人仍没有回去，也不想回去，他久久地凝望着幽静秀丽的敬亭山，觉得敬亭山似乎也正含情脉脉地看着自己。他们之间不必说什么话，已达到了感情上的交流。“相看两不厌”表达了诗人与敬亭山之间的深厚感情。

“众鸟”“孤云”这种动的意象与“敬亭山”这种静的意象相反并置，在时间和空间的维度里仅仅出现了量的变化，而心理的维度却产生着质的变化：有理想、有才能而在政治上遭受压抑的士大夫往往对“逝去”“消散”有着特殊的敏感，人事短暂，宇宙永恒，常常是他们怀才不遇时发出的慨叹。诗人引恒久的山为知己，可能是“长安不得见”后，不得已而为之的一种方式了。就算长安招引他，他也不知道自己会不会随“众鸟高飞”而去。全诗似乎全是景语，无一情语，然而，由于景是情所造，因而虽句句是景，却句句是情，就像王夫之所说，是“情中景，景中情”。

思考寄语

《独坐敬亭山》不仅是一首描绘山水的佳作，更是一首抒发情感、表达心境的诗篇。它告诉我们，在忙碌的生活中，有时需要放慢脚步，静下心来，去感受大自然的美丽与宁静，去聆听内心的声音与呼唤。愿我们都能像李白一样，拥有一颗热爱大自然、向往宁静的心，去品味生活的美好与真谛。

12 观书有感（其一）

诵读主体

半亩方塘一鉴开，天光云影共徘徊。
问渠那得清如许？为有源头活水来。

知人论世

朱熹（1130—1200），字元晦，又字仲晦，号晦庵，晚称晦翁。祖籍徽州府婺源县（今江西省婺源县），生于南剑州尤溪（今福建省尤溪县）。中国南宋时期理学家、思想家、哲学家、教育家、诗人。

朱熹19岁考中进士，曾任江西南康、福建漳州知府、浙东巡抚等职，做官清正有为，振举书院建设。官拜焕章阁侍制兼侍讲，为宋宁宗讲学。晚年遭遇庆元党禁，被列为“伪学魁首”，削官奉祠。庆元六年（1200）逝世，享年71岁。后被追赠为太师、徽国公，赐谥号“文”，故世称朱文公。

朱熹是“二程”（程颢、程颐）的三传弟子李侗的学生，与二程合称“程朱学派”。他是唯一非孔子亲传弟子而享祀孔庙，位列大成殿十二哲者。朱熹是理学集大成者，闽学代表人物，被后世尊称为“朱子”。他的理学思想影响很大，成为元、明、清三朝的官方哲学。

朱熹著述甚多，有《四书章句集注》《太极图说解》《通书解说》《周易读本》《楚辞集注》，后人辑有《朱子大全》《朱子集语象》等。其中《四书章句集注》成为钦定的教科书和科举考试的标准。

阅读鉴赏

《观书有感》用以小见大的手法，使读者通过小小的方塘看到了大大的世界，和《童趣》一样，想象力极其丰富。半亩大的池塘像明镜一样，映照着来回闪动的天光云影。要问这池塘怎么这样清澈？原来有活水不断从源头流来啊！从字面上看好像一首风景之作，实际上说的是读书对于一个人的重要性，以源头活水比喻读书学习，要坚持开卷阅读，不断汲取新知，才能有日新月异的进步，诗的寓意多么深刻！学生在读书时要克服浮躁情绪，才能使自己的内心清澈如池水。源头活水不断，池水才能清澈见底，映照出蓝天云影；人只有经常开卷阅读，才能滋润心灵、焕发神采。

宋明时期，理学盛行，朱熹的《观书有感》是一首说理诗，诗人以景喻理，形象而又深刻，巧妙地表达了一种微妙而又令人愉悦的读书感受。这首诗所表现的读书有所领悟时的那种灵气流动、思路明畅、精神愉悦活泼而自得自在的境界，正是作者作为一位大学问家切身的读书感受。

思考寄语

《观书有感》这首诗描绘的是一个明亮通透的大千世界。而在这个世界中，如果想要保持原本的洁净与清澈，就需要源源不断地吸纳新的事物。读书就是这样一个充实和修正自我的过程，社会在进步，时代在发展，要想更好地适应社会的发展，就要不断更新自己的知识、不断充电、不断完善自己，做到“活到老，学到老”。

13 菩萨蛮·书江西造口壁

诵读主体

郁孤台下清江水，中间多少行人泪。西北望长安，可怜无数山。
青山遮不住，毕竟东流去。江晚正愁余，山深闻鹧鸪。

知人论世

辛弃疾（1140—1207），南宋词人，字幼安，号稼轩，历城县（今山东省济南市历城区）人。一生力主抗金北伐，并提出有关方略，均未被采纳。其词热情洋溢、慷慨激昂，富有爱国感情。有《稼轩长短句》传世。

阅读鉴赏

本词写于宋孝宗淳熙三年（1176），此时辛弃疾任江西提点刑狱（掌管刑法狱讼的官吏），途经造口（今江西省万安县西南）。宋高宗建炎三年（1129），金兵南下，攻入江西。隆祐太后由南昌仓皇南逃，金兵一直深入造口。作者想起当时人民的苦难，写了这首词，题在江西造口的墙壁上。

“郁孤台下清江水，中间多少行人泪”，作者把眼前清江的流水和40年前人民在兵荒马乱中流下的眼泪联系在一起，更深切地表现出当时人民受到的极大痛苦。40年来，广大人民多么盼望能重回故土啊！然而，南宋当局只想在杭州过苟延残喘、偷安一时的生活，无心收复失地。

“西北望长安，可怜无数山”两句，以抒发对中原沦陷区的深切怀念。从望不见长安到视线被无数山遮住，表达了作者对收复中原的壮志受到种种阻碍、无法实现的感叹。上片四句由近及远，又由远及近，跨越时空，难抒悲愤之情。

“青山遮不住，毕竟东流去”，以滚滚的江水冲破了重峦叠嶂奔腾向前为喻，象征抗金的正义事业必然会克服一切阻力，取得最后的胜利。这两句表明作者对收复中原充满了信心。但是，作者并没有脱离现实，沉醉于未来理想的幻想之中。十几年来，他目睹了抗金事业受到的重重阻力，不禁又愁绪满怀。

“江晚正愁余，山深闻鹧鸪”两句大意为：傍晚，我在江边徘徊，正在为了不能实现恢复大计愁苦着呢，可是恰巧，又从山的深处传来鹧鸪鸟的哀鸣。这叫声听起来仿佛是“行不得也哥哥”。从鹧鸪的悲鸣声中，恰好透露出作者想收复失地，但又身不由己的矛盾心情。

此词运用比兴手法，以眼前景道心上事，抒发了对建炎年间国事艰危之沉痛追怀，对自靖康以来失去国土之深情萦念，为南宋爱国精神深沉凝聚之绝唱。这首词“借水怨山”，山与水都是一种比喻，山是一种阻隔，水是心中的志向。作者心中之事，既有对过去回忆的悲痛，也有对未来前景的无奈；既有青山遮不住流水的信念，又有光阴似水的唏嘘。表达了作者空有报国之志，如今却一事无成的矛盾与无奈。

思考寄语

爱国，是一个经久不衰的话题。辛弃疾是南宋有名的爱国将士，他一生主张抗金北伐，并写下了很多优秀的戎马诗篇，其词热情洋溢、慷慨激昂。同时，他又忧国忧民，想百姓之所想，深切地感知百姓在战争中所受的苦难，战争给百姓带来的创伤是难以弥补的，我们要庆幸自己生活在一个和平的年代。

14 纸上谈兵

诵读主体

赵括自少时学兵法，言兵事，以天下莫能当。尝与其父奢言兵事，奢不能难，然不谓善。括母问奢其故，奢曰："兵，死地也，而括易言之。使赵不将括即已；若必将之，破赵军者必括也！"及括将行，其母上书言于王曰："括不可使将。"王曰："何以？"对曰："始妾事其父，时为将，身所奉饭饮而进食者以十数，所友者以百数；大王及宗室所赏赐者尽以予军吏士大夫，受命之日，不问家事。今括一旦为将，东向而朝，军吏无敢仰视之者，王所赐金帛，归藏于家，而日视便利田宅可买者买之。王以为何如其父？父子异心，愿王勿遣。"王曰："母置之，吾已决矣。"括母因曰："王终遣之，即有如不称，妾得无随坐乎？"王许诺。

赵括既代廉颇，悉更约束，易置军吏。秦将白起闻之，纵奇兵，佯败走，而绝其粮道，分断其军为二，士卒离心。四十余日，军饿，赵括出锐卒自搏战，秦军射杀赵括。括军败，数十万之众遂降秦，秦悉坑之。

知人论世

本篇故事出自《史记·廉颇蔺相如列传》。

《史记》是西汉史学家司马迁撰写的纪传体史书，是中国历史上第一部纪传体通史，记载了上至上古传说中的黄帝时代，下至汉武帝太初四年间共3000多年的历史。《史记》全书包括十二本纪（记历代帝王政绩）、三十世家（记诸侯国和汉代诸侯、勋贵兴亡）、七十列传（记重要人物的言行事迹，主要叙人臣，其中最后一篇为自序）、十表（大事年表）、八书（记礼、乐、音律、历法、天文、封禅、水利、财用）。

《史记》还被认为是一部优秀的文学著作，在中国文学史上具有重要地位，被鲁迅誉为“史家之绝唱，无韵之《离骚》”，有很高的文学价值。

阅读鉴赏

译文：

赵括从小就学习兵法，谈论兵事，认为天下没有和他相当的。曾经和他的父亲赵奢评论兵事，赵奢不能够驳倒他，但是并不赞美他。赵括的母亲问赵奢此中的原因，赵奢说：“打仗，是危险的场合，而赵括太草率地讨论它了。假使赵王不让他当将军就罢了，假如一定要让他当将军，使赵军失败的人肯定是赵括。”等到赵括将要起程的时候，他母亲上书给赵王说：“不可以让赵括做将军。”赵王说：“为什么？”他母亲回答说：“当初我侍奉他父亲，那时他是将军，由他亲自捧着饮食侍候吃喝的人数以十计，被他当作朋友看待的数以百计，大王和王族们赏赐的东西全都分给军吏和僚属，从接受命令的那天起，就不再过问家事。现在赵括一下子做了将军，就面向东接受朝见，军吏没有一个敢抬头看他的，大王赏赐的金帛，都带回家收藏起来，还天天访查便宜合适的田地房产，可买的就买下来。大王认为他哪里像他父亲？父子二人的心地不同，希望大王不要派他领兵。”赵王说：“您就把这事放下别管了，我已经决定了。”赵括的母亲接着说：“您一定要派他领兵，如果他有不称职的情况，我能不受株连吗？”赵王答应了。

赵括代替了廉颇以后，全部改变了原有的纪律和规定，撤换了原来的军官。秦国的将军白起听说以后，调遣派出变幻莫测的部队，假装被打败退却，而断绝赵军的粮道，把赵军一分为二，赵军士气不能统一。被困40多天，赵军非常饥饿，赵括亲自带领精兵搏战，秦军用箭射死了赵括。赵括的部队大败，10多万的赵军被秦国降服了，秦国将他们全部活埋了。

赵括，战国时期赵国人，赵国名将马服君赵奢之子。

赵括熟读兵书，但缺乏战场经验，不懂得灵活应变。赵孝成王四年（前262）长平之战中，赵孝成王急于求胜，赵国中了秦国的反间计，用赵括代替老将廉颇。赵括一反廉颇的策略，改守为攻，在长平（今山西高平西北）主动全线出击，向秦军发起进攻。秦将白起分兵两路：一路佯败，把赵军吸引到秦军壁垒周围；一路切断赵军后路，进行反包围，使赵军粮道断绝，困于长平。最后，赵军46日不得食，分四路突围五次不成，赵括亲自率勇士突围，英勇杀敌，被秦军射杀而死，数十万赵国士兵投降，后来被秦军坑杀。

长平之战是秦、赵之间的战略决战。战争中，赵王在战争指导上，昧于秦强赵弱的基本形势，急于求胜，错误地坚持进攻战略；中秦国离间之计，弃用名将廉颇，而起用纸上谈兵的赵括代替廉颇。赵括遵照赵王意图，急于求胜，变更了廉颇的防御部署及军规，更换将吏，组织进攻。白起针对赵括骄傲轻敌的弱点，采取了佯败后退、诱敌脱离阵地，进而分割包围、予以歼灭的作战方针，获得战争的胜利。

赵国经此一战元气大伤，长平之战加速了秦国统一的进程。此战是中国古代军事史上最早、规模最大、最彻底的围歼战。

思考寄语

让我们以“纸上谈兵”这一典故为鉴，时刻保持谦虚、勤奋和敬畏心，努力成为一个有智慧、有担当的人。我们不仅要在课堂上表现优秀，还要在实际工作中将所学知识转化为实际行动。这就需要我们不断学习、实践和反思，努力提高自己的综合素质，实现知行合一。

15 毛遂自荐

诵读主体

秦之围邯郸，赵使平原君求救，合从于楚，约与食客门下有勇力文武备具者二十人偕。平原君曰："使文能取胜，则善矣。文不能取胜，则歃血于华屋之下，必得定从而还。士不外索，取于食客门下足矣。"得十九人，余无可取者，无以满二十人。

门下有毛遂者，前，自赞于平原君曰："遂闻君将合从于楚，约与食客门下二十人偕，不外索。今少一人，愿君即以遂备员而行矣。"平原君曰："先生处胜之门下几年于此矣？"毛遂曰："三年于此矣。"平原君曰："夫贤士之处世也，譬若锥之处囊中，其末立见。今先生处胜之门下三年于此矣，左右未有所称诵，胜未有所闻，是先生无所有也。先生不能，先生留。"毛遂曰："臣乃今日请处囊中耳。使遂蚤得处囊中，乃颖脱而出，非特其末见而已。"平原君竟与毛遂偕。十九人相与目笑之而未废也。

毛遂比至楚，与十九人论议，十九人皆服。平原君与楚合从，言其利害，日出而言之，日中不决。十九人谓毛遂曰："先生上。"毛遂按剑历阶而上，谓平原君曰："从之利害，两言而决耳。今日出而言从，日中不决，何也？"楚王谓平原君曰："客何为者也？"平原君曰："是胜之舍人也。"楚王叱曰："胡不下！吾乃与而君言，汝何为者也！"毛遂按剑而前曰："王之所以叱遂者，以楚国之众也。今十步之内，王不得恃楚国之众也，王之命悬于遂手。吾君在前，叱者何也？且遂闻汤以七十里之地王天下，文王以百里之壤而臣诸侯，岂其士卒众多哉，诚能据其势而奋其威。今楚地方五千里，持戟百万，此霸王之资也。以楚之强，天下弗能当。白起，小竖子耳，率数万之众，兴师以与楚战，一战而举鄢郢，再战而烧夷陵，三战而辱王之先人。此百世之怨而赵之所羞，而王弗知恶焉。合从者为楚，非为赵也。吾君在前，叱者何也？”楚王曰：“唯唯，诚若先生之言，谨奉社稷而以从。”毛遂曰：“从定乎？”楚王曰：“定矣。”毛遂谓楚王之左右曰：“取鸡狗马之血来。”毛遂奉铜盘而跪进之楚王曰：“王当歃血而定从，次者吾君，次者遂。”遂定从于殿上。毛遂左手持盘血而右手招十九人曰：“公相与歃此血于堂下。公等录录，所谓因人成事者也。”

平原君已定从而归，归至于赵，曰：“胜不敢复相士。胜相士多者千人，寡者百数，自以为不失天下之士，今乃于毛先生而失之也。毛先生一至楚，而使赵重于九鼎大吕。毛先生以三寸之舌，强于百万之师。胜不敢复相士。”遂以为上客。

知人论世

详见本册《商鞅立木建信》的知人论世部分。

阅读鉴赏

译文：

秦兵围困邯郸的时候，赵国派遣平原君请求救兵，到楚国签订合纵的盟约。平原君与门下既有勇力又文武兼备的食客20人约定一同（前往）。平原君说：“假如用和平方法能够取得成功就太好了；假如和平方法不能取得成功，那么（我）就在华屋之下用歃血的方式，也一定要合纵盟约签订再返回。随从人员不到外边去寻找，在门下的食客中选取就够了。”平原君找到19个人，其余的人没有可以选取的，没办法补满20人（的额数）。

门下有（一个叫）毛遂的人，走上前来，向平原君自我推荐说：“毛遂（我）听说先生将要到楚国去签订合纵盟约，约定与门下食客20人一同（前往），而且不到外边去寻找。现在还少一个人，希望先生就以（我）毛遂凑足人数出发吧！”平原君说：“先生来到（我）

赵胜门下到现在（有）几年了？”毛遂说：“到现在（有）三年了。”平原君说：“贤能的士人处在世界上，好比锥子处在囊中，它的尖梢立即就要显现出来。现在，处在（我）赵胜的门下已经三年了，左右的人们（对你）没有称道（的话），赵胜（我）也没有听到过（这样的）赞语，这是因为（你）没有什么才能的缘故。先生不能（一道前往），先生请留下。”毛遂说：“我不过今天才请求进到囊中罢了。如果我早就处在囊中的话，（我）就会像禾穗的尖芒那样，整个锋芒都会挺露出来，不单单仅是尖梢露出来而已。”平原君最终与毛遂一道前往（楚国）。那19个人互相用目光示意嘲笑毛遂却都没有说出来。

毛遂到了楚国，与19个人谈论，19个人都被折服了。平原君与楚国谈判合纵的盟约，（反复）说明合纵的利害关系，从太阳出来就阐述这些理，到太阳当空时还没有决定，那19个人对毛遂说：“先生上去！”毛遂手握剑柄登阶而上，对平原君说：“合纵的利害关系，两句话就可以决定。今天，太阳出来就谈论合纵，日到中天还不能决断，（这是）为什么？”楚王对平原君说：“这个人是干什么的？”平原君说：“这是（我）赵胜的舍人。”楚王怒斥道：“为什么不下去？我是在同你的君侯说话，你算干什么的？”毛遂手握剑柄上前说道：“大王（你）敢斥责（我）毛遂的原因，是由于楚国人多。现在，十步之内，大王（你）不能依赖楚国人多势众了，大王的性命，悬在（我）毛遂的手里。我的君侯在眼前，（你）斥责（我）是为什么？况且，毛遂（我）听说汤以70里的地方统一天下，文王以百里的土地使诸侯称臣，难道是由于（他们的）士卒众多吗？实在是由于（他们）能够凭据他们的条件而奋发他们的威势。今天，楚国土地方圆五千里，持戟的士卒上百万，这是霸王的资业呀！以楚国的强大，天下不能抵挡。白起，不过是（一个）小小的竖子罢了，率领几万部众，发兵来和楚国交战，一战而拿下鄢、郢，二战而烧掉夷陵，三战而侮辱大王的祖先。这是百代的仇恨，而且是赵国都感到羞辱的事，而大王却不知道羞耻。合纵这件事是为了楚国，并不是为了赵国呀。我的君主在眼前，（你）斥责（我）干什么？”楚王说：“是，是！实在像先生说的，谨以我们的社稷来订立合纵盟约。”毛遂问：“合纵盟约决定了吗？”楚王说：“决定了。”于是，毛遂对楚王左右的人说：“取鸡、狗和马的血来。”毛遂捧着铜盘跪着献给楚王，说：“大王应当歃血来签订合纵的盟约，其次是我的君侯，再次是（我）毛遂。”于是毛遂在宫殿上签订了合纵盟约。毛遂左手拿着铜盘和血，而用右手召唤那19个人说：“先生们在堂下相继歃血。先生们碌碌无为，这就是人们所说的依赖别人而办成事情的人啊。”

平原君签订合纵盟约之后归来，回到赵国，说：“赵胜（我）不敢再鉴选人才了。赵胜（我）鉴选人才，多的千人，少的百人，自以为没有失去天下的人才，今天却在毛先生这里失去了。毛先生一到楚国，就使赵国的威望高于九鼎和大吕。毛先生用三寸不烂之舌，强似上百万的军队。赵胜（我）不敢再鉴选人才了。”于是把毛遂作为上等宾客对待。

本文节自《史记·平原君虞卿列传》。赵胜（？—前251），平原君，战国时赵国贵族，惠文王之弟，封于东武城（今山东武城），号平原君。任赵相，有食客数千人。赵孝成王七年（前259），秦军围困赵都邯郸（今属河北），他组织力量坚守三年，后向魏、楚取得救援，击败秦军。节选的这部分写他的食客毛遂自荐，佐助他使楚结盟的经过，表现了毛遂在危难时刻挺身而出的有勇有谋、有胆有识。文章分四层：

一是交代形势。秦国赵都邯郸，平原君奉命使楚签订“合纵”之约，并带门下食客20人前往。经挑选，只有19人入选，缺一人。

二是毛遂自荐。毛遂自荐补充那名缺额，随平原君去楚。但平原君得知毛遂居此三年，无所表现，劝他最好留下时，毛遂理直气壮地说：“那是没有表现的机会，如有机会，早就脱颖而出了！今天就请给我一个表现的机会！”不卑不亢，有理有节，平原君不得不同意他前往。

三是说楚“合纵”。先写同行者对毛遂态度的转变。开初，对他是“目笑之而未废”；及至“与十九人论议，十九人皆服”。这为毛遂后来的不凡表现埋下伏笔。接着，写他说楚王“合纵”。在平原君与楚王谈判“合纵”，半天未决时，19人推他上。毛遂按剑而上，先声夺人，说：“从之利害，两言而决耳！今日出而言从，日中不决，何也？”引出楚王对他的呵斥。他乘机而上，先按剑对楚王进行威胁:“王之命悬于遂手。”以震慑楚王;再给楚王讲王者“诚能据其势而奋其威”的道理,进而强调:“合从者为楚,非为赵也。吾君在前,叱者何也?”再次指斥楚王之不明事理以及对“士”之无礼。楚王“唯唯”,愿意“谨奉社稷而以从”,与平原君等歃血订下“合纵”之盟。可见,毛遂的大智大勇与过人的胆识是签订赵、楚“合纵”之盟的关键。

四是平原君自责。定“合纵”之盟归赵后,平原君自责识人虽过千数,“自以为不失天下之士”,但对于毛遂,却识之不准。他盛赞毛遂“以三寸之舌,强于百万之师”,进一步突出毛遂是难得的人才。

全文以毛遂自荐为中心,情节发展逐步推进,由众人对毛遂的无识到皆服,再到平原君的盛赞,进入高潮,毛遂的形象鲜明生动地呈现于眼前。他深藏不露,与孟尝君的门客冯谖有相似之处,但他敢于自荐、大胆而勇敢的谋略似乎与冯谖又有不同。虽均为策士,可谓“千人千面”也。

思考寄语

在他人或者国家有需要的时候,我们要像毛遂那样脱颖而出,展示自己的才能,为其纾难解困。在今天,有些青年人缺乏自荐勇气,羞涩、忸怩。可知否“千里马常有,而伯乐不常有”之说?时代要求我们顽强奋击,勇于创造,毛遂自荐,敢于冒尖。只有这样,我们才能把青春热血投入新时代的大熔炉里,为中华民族的腾飞发光发热!

16 九章·涉江

诵读主体

余幼好此奇服兮，年既老而不衰。
带长铗之陆离兮，冠切云之崔嵬，
被明月兮佩宝璐。
世溷浊而莫余知兮，吾方高驰而不顾。
驾青虬兮骖白螭，吾与重华游兮瑶之圃。
登昆仑兮食玉英，与天地兮同寿，
与日月兮同光。
哀南夷之莫吾知兮，旦余济乎江湘。
乘鄂渚而反顾兮，欸秋冬之绪风。
步余马兮山皋，邸余车兮方林。
乘舲船余上沅兮，齐吴榜以击汰。
船容与而不进兮，淹回水而疑滞。
朝发枉陼兮，夕宿辰阳。
苟余心其端直兮，虽僻远之何伤。
入溆浦余儃佪兮，迷不知吾所如。
深林杳以冥冥兮，乃猿狖之所居。
山峻高以蔽日兮，下幽晦以多雨。
霰雪纷其无垠兮，云霏霏而承宇。
哀吾生之无乐兮，幽独处乎山中。
吾不能变心而从俗兮，固将愁苦而终穷。
接舆髡首兮，桑扈赢行。
忠不必用兮，贤不必以。
伍子逢殃兮，比干菹醢。
与前世而皆然兮，吾又何怨乎今之人！

余将董道而不豫兮，固将重昏而终身！
乱曰：鸾鸟凤皇，日以远兮。
燕雀乌鹊，巢堂坛兮。
露申辛夷，死林薄兮。
腥臊并御，芳不得薄兮。
阴阳易位，时不当兮。
怀信侘傺，忽乎吾将行兮！

知人论世

屈原（约前340—约前278），战国末期楚国爱国诗人，名平，字原，又自云名正则，字灵均。战国时楚国贵族。初辅佐楚怀王，做过左徒、三闾大夫。学识渊博，主张彰明法度，举贤授能，东联齐国，西抗强秦。后遭谗害而去职。楚顷襄王时被放逐，长期流浪于沅湘流域。后因楚国的政治更加腐败，郢都也被秦兵攻破，他既无力挽救楚国的危亡，又深感政治理想无法实现，遂投汨罗江而亡。其传世作品保存在刘向辑集的《楚辞》中，主要有《离骚》《九章》《天问》《九歌》等。

阅读鉴赏

《九章·涉江》全篇可分为五段。从开头至“旦余济乎江湘”为第一段，述说自己的高尚理想和现实的矛盾，阐明这次涉江远走的基本原因，“奇服”“长铗”“切云”之“冠”“明月”“宝璐”等都用以象征自己高尚的品德与才能。“世溷浊而莫余知兮”“哀南夷之莫吾知兮”，自己的高行洁志却不为世人所理解，这真使人太伤感了。因此，决定渡江而去。

从“乘鄂渚而反顾兮”至“虽僻远之何伤”为第二段，叙述一路走来途中的经历和自己的感慨。“乘鄂渚”四句，言自己登上今湖北武昌西面的鄂渚，不禁回头看看自己走过的路途，又放马在山皋上小跑，直到“方林”才把车子停住。“乘舲船”四句言自己沿沅江上溯行舟，船在逆水与旋涡中艰难行进，尽管船工齐心协力，用桨击水，但船却停滞不动，很难前进，此情此景正如诗人自己的处境。“朝发枉陼”四句，接写自己的行程，早上从枉陼出发，晚上到了辰阳，足有一日行程，行程愈西，作者思想愈加坚定。他坚信自己的志向是正确的、是忠诚的、是无私的。

从“入溆浦余儃佪兮”至“固将愁苦而终穷”为第三段，写进入溆浦以后，独处深山的情境。这里深林杳冥、榛莽丛生，是猿狖所居，而不是人所宜去的地方。“山峻高”四句写深山之中，云气弥漫，天地相连，更进一步描绘沅西之地山高林深、人烟极少的景象。这是对流放地的环境的夸张形容，也是对自己所处政治环境的隐喻。“哀吾生之无乐兮”四句言自己在这样的政治环境和生活环境当中，是无乐可言了。然而就是这样，也绝不改变自己原先的政治理想与生活习惯，绝不与黑暗势力同流合污，妥协变节。

从“接舆髡首兮”至“固将重昏而终身”是第四段，从自己本身的经历联系历史上的一些忠诚义士的遭遇，进一步表明自己的政治立场。接舆、桑扈是消极不合作的，结果为时代所遗弃；伍子胥、比干是想拯救国家改变现实的，但又不免杀身之祸，所以结论是“忠不必用兮，贤不必以”。表明自己仍将正道直行，毫不犹豫，而这样势必遭遇重重黑暗，必须准备在黑暗中奋斗终身。

“乱曰”以下为第五段，批判楚国政治黑暗，邪佞之人执掌权柄，而贤能之人却遭到迫害。“鸾鸟凤皇”四句，比喻贤士远离，小人窃位。凤凰是传说中的神鸟，这里比喻贤士。“燕雀乌鹊”用以比喻小人。“露申辛夷”四句言露申辛夷等香草香木竟死于丛林之中，“腥臊”比喻奸邪之人陆续进用，而忠诚义士却被拒之门外。“阴阳易位”四句更点出了社会上阴阳变更位置的情况，事物的是非都颠倒了，他竟不得其时。他一方面胸怀坚定的信念，另一方面感到失意彷徨。既然龌龊的环境难以久留，他就要离开这里远去。

这首诗最突出的一个特点是诗中有一大段纪行文字，这段文字描绘了沅水流域的景物，成为中国最早的一首卓越的纪行诗歌，对后世同类诗歌的创作产生了影响。诗中景物描写和情感抒发的有机结合，达到了十分完美的程度。此篇比喻象征手法的运用也十

分纯熟。以好奇服、带长铗、冠切云、被明月、佩宝璐来表现自己的志行，以驾青虬、骖白螭、游瑶圃、食玉英来象征自己高远的志向。最后一段，又以鸾鸟、凤凰、香草来象征正直、高洁；以燕雀、乌鹊、腥臊来比喻邪恶势力，抒发了诗人对当前社会的深切感受。

思考寄语

《九章·涉江》不仅是一首诗，更是一种精神的传承。让我们铭记屈原的坚持和勇气，以他的精神为指引，不断追求真理和正义，为社会的进步和发展贡献自己的力量。无论我们身处何时何地，都应该坚守自己的信念和理想，勇往直前，无畏无惧。

17 报任安书（节选）

诵读主体

夫人情莫不贪生恶死，念父母，顾妻子，至激于义理者不然，乃有所不得已也。今仆不幸，早失父母，无兄弟之亲，独身孤立，少卿视仆于妻子何如哉？且勇者不必死节，怯夫慕义，何处不勉焉！仆虽怯懦，欲苟活，亦颇识去就之分矣，何至自沉溺缧绁之辱哉！且夫臧获婢妾，犹能引决，况仆之不得已乎？所以隐忍苟活，幽于粪土之中而不辞者，恨私心有所不尽，鄙陋没世，而文采不表于后也。

古者富贵而名摩灭，不可胜记，唯倜傥非常之人称焉。盖文王拘而演《周易》；仲尼厄而作《春秋》；屈原放逐，乃赋《离骚》；

左丘失明，厥有《国语》；孙子膑脚，《兵法》修列；不韦迁蜀，世传《吕览》；韩非囚秦，《说难》《孤愤》；《诗》三百篇，大底圣贤发愤之所为作也。此人皆意有所郁结，不得通其道，故述往事、思来者。乃如左丘无目，孙子断足，终不可用，退而论书策，以舒其愤，思垂空文以自见。

知人论世

《报任安书》选自《汉书·司马迁传》。

《汉书》，又称《前汉书》，是中国第一部纪传体断代史，“二十四史”之一，由班固编纂，前后历时20余年，于建初年中基本修成，后唐代颜师古为之注释。《汉书》全书主要记述了上起汉高祖元年（前206），下至新朝王莽地皇四年（23）的史事。

阅读鉴赏

译文：

人之常情，没有谁不贪生怕死的，都挂念父母，顾虑妻室儿女。至于那些激愤于正义公理的人当然不是这样，这里有迫不得已的情况。如今我很不幸，早早地失去双亲，又没有兄弟互相爱护，独身一人，孤立于世，少卿你看我对妻室儿女又怎样呢？况且一个勇敢的人不一定要为名节去死，怯懦的人如果仰慕大义，什么地方不可以勉励自己去死节呢？我虽然怯懦软弱，想苟活在人世，但也稍微懂得区分弃生就死的界限，哪会自甘沉溺于牢狱生活而忍受屈辱呢？再说奴隶婢妾尚且能够下决心自杀，何况像我到了这样不得已的地步！我之所以忍受着屈辱苟且活下来，陷在污浊的监狱之中却不肯死，是遗憾我内心的志愿有未达到的，如果平平庸庸地死了，文章就不能在后世显露。

古时候虽富贵但名字磨灭不传的人，多得数不清，只有那些卓异而不平常的人才在世上著称。西伯姬昌被拘禁而扩写《周易》；孔子受困窘而作《春秋》；屈原被放逐，才写了《离骚》；左丘明失去视力，才有《国语》；孙膑被截去膝盖骨，《兵法》才撰写出来；吕不韦被贬谪蜀地，后世才流传着《吕氏春秋》；韩非被囚禁在秦国，写出《说难》《孤愤》；《诗》三百篇，大都是一些圣贤们抒发愤慨而作的。这些人都是（因为）感情有压抑郁结不解的地方，不能实现其理想，所以记述过去的事迹，让将来的人了解他的志向。就像左丘明没有了视力，孙膑断了双脚，终身不能被人重用，便退隐著书立说来抒发他们的怨愤，想到活下来从事著作来表达自己的思想。

任安是司马迁的朋友，曾在狱中写信给司马迁，让他利用中书令的职位“推贤进士”，司马迁给他回了这封信，即《报任安书》。作者在信中陈述了自己的不幸遭遇，抒发了为著作《史记》而不得不苟且偷生的痛苦心情，表达了自己的光明磊落之志和愤懑不平之气。

思考寄语

“人固有一死，或重于泰山，或轻于鸿毛，用之所趋异也。”司马迁用它很好地诠释了自己的生死观。人生短暂，我们无法控制，但它所散发的光辉是我们亲手创造的。为了信念，为了理想，让生命大放异彩，才是活着的价值。

18 见善如不及

诵读主体

孔子曰："见善如不及，见不善如探汤。吾见其人矣，吾闻其语矣。隐居以求其志，行义以达其道。吾闻其语矣，未见其人也。"

知人论世

题目编者加。语出《论语·季氏篇》。

《论语》是春秋时期一部语录体散文集，主要记录孔子及其弟子的言行，由孔子弟子及再传弟子编纂而成。全书以语录体为主，较为集中地体现了孔子及儒家学派的政治主张、伦理思想、道德观念及教育原则等。南宋时，朱熹将它与《孟子》《大学》《中庸》合为"四书"，使之在儒家经典中的地位日益提高。

阅读鉴赏

译文：

孔子说："看见善良，努力追求，好像赶不上似的；遇见邪恶，使劲避开，好像将手伸到沸水里。我见过这样的人，也听过这样的话。通过避世隐居来保全他的意志，通过仗义而行来贯彻他的主张。我听过这样的话，却没有见过这样的人。"

自古以来，乐善好施、诚信友善一直是中华民族的传统美德。对善的追求符合人类命运共同体的发展方向，也蕴含着和谐共赢的价值理念。善对于普通人来说，就是心怀善意，关爱他人，与人和谐；对于为政者来说，就是心怀天下，关爱百姓。为政者追求的善，不仅是个人的德，还是社会责任与使命担当。为政者只有以身作则，保持高洁的品行，不流俗、不媚俗、不低俗，坚守向善的社会价值取向，控制贪欲之心，才能达到善的要求。

思考寄语

人生在世，会遇到种种诱惑，诱惑越大，欲望越大，越容易出问题。只有加强对内在修养的锤炼，才能真正有善念，行善举。

19 钱塘湖春行

诵读主体

孤山寺北贾亭西，水面初平云脚低。
几处早莺争暖树，谁家新燕啄春泥。
乱花渐欲迷人眼，浅草才能没马蹄。
最爱湖东行不足，绿杨阴里白沙堤。

知人论世

白居易（772—846），唐代诗人。字乐天，号香山居士。生于河南新郑，其先太原（今属山西）人，后迁下邽（今陕西渭南东北）。贞元进士，授秘书省校书郎。元和年间任左拾遗及左赞善大夫。后因上表请求严缉刺死宰相武元衡的凶手，得罪权贵，被贬为江州司马。长庆初年（821）任杭州刺史，宝历初年（825）任苏州刺史，后官至刑部尚书。在文学上，主张“文章合为时而著，歌诗合为事而作”，是新乐府运动的倡导者。其诗语言通俗，素有“诗魔”和“诗王”之称。和元稹并称“元白”，和刘禹锡并称“刘白”，有《白氏长庆集》传世。

阅读鉴赏

诗的首联紧扣题目总写湖水。前一句点出钱塘湖的方位和四周楼观参差景象，两个地名连用，显示出一种动感，说明诗人是在一边走，一边观赏。后一句正面写湖光水色：春水初涨，水面与堤岸齐平，空中舒卷的白云和湖面荡漾的波澜连成一片，正是典型的江南春湖的水态天容。

颔联写诗人仰视所见禽鸟。莺在歌，燕在舞，显示出春天的勃勃生机。黄莺和燕子都是春天的使者，黄莺用它婉转流利的歌喉向人间传播春回大地的喜讯；燕子穿花贴水，衔泥筑巢，又启迪人们开始春日的劳作。“几处”二字勾画出莺歌的此呼彼应和诗人左右寻声的情态。“谁家”二字的疑问又表现出诗人细腻的心理活动，并使读者由此产生丰富的联想。

颈联写俯察所见花草。因为是早春，还未到百花盛开季节，所以能见到的尚不是姹紫嫣红开遍，而是东一团、西一簇，所以用一个“乱”字来形容。而春草也还没有长得丰茂，只有没过马蹄那么长，所以用一个“浅”字来形容。这一联中的“渐欲”和“才能”又是诗人观察、欣赏的感受和判断，这就使客观的自然景物化为带有诗人主观感情色彩的眼中景物，使读者受到感染。这两联细致地描绘了西湖春行所见景物，以“早”“新”“争”“啄”表现莺燕新来的动态；以“乱”“浅”“渐欲”“才能”描写花草向荣的趋势。这就准确而生动地把诗人边行边赏的早春气象表现出来了，给人以清新之感。

尾联略写诗人最爱的湖东沙堤。白堤中贯钱塘湖，在湖东一带，可以总揽全湖之胜。只见绿杨荫里，平坦而修长的白沙堤静卧碧波之中，堤上骑马游春的人来往如织，尽情享受春日美景。诗人置身其间，饱览湖光山色之美，心旷神怡。以“行不足”说明自然景物美不胜收，诗人也余兴未阑。

“孤山寺北贾亭西，水面初平云脚低。”诗歌的第一句是地点，第二句是远景。孤山坐落在西湖的后湖与外湖之间，峰峦叠翠，上有孤山寺，登山观景，美不胜收。据《唐语林》卷六载，贾公亭建于唐贞元年间。白居易写此诗时，其亭尚在，也算是西湖的一处名胜。白居易一开始来到了孤山寺的北面，贾公亭的西畔，放眼望去，只见冬水荡漾，云幕低垂，湖光山色，尽收眼底。“初平”所表达的是白居易对冬日里西湖的一种特有的感受。连绵不断的春雨使得如今的湖面看上去比冬日上升了不少，似乎眼看着就要与视线持平，这种水面与视线持平的感觉是只有人面对广大的水域才可能有的感觉，也是一个对西湖有着深刻了解和喜爱的人才能写出的感受。此刻，脚下平静的水面与天上低垂的云幕构成了一幅宁静的水墨西湖图，而正当诗人默默地观赏西湖那静如处子的神韵时，耳边却传来了阵阵清脆的鸟鸣声，打破了他的沉思，于是他把视线从水云交界处收了回来，从而发现了自己实际上早已置身于一个春意盎然的美好世界。

“几处早莺争暖树，谁家新燕啄春泥。乱花渐欲迷人眼，浅草才能没马蹄。”这四句是白居易此诗的核心部分，也是最为抢眼的句子，同时是白诗描写春光特别是描写西湖春光的点睛之笔。“几处”是好几处，甚至可以是多处的意思。用“早”来形容黄莺，体现了白居易对这些充满生机的小生命的由衷喜爱。树上的黄莺一大早就忙着抢占最先见到阳光的“暖树”，生怕一会儿赶不上了。一个“争”字，让人感到春光的难得与宝贵。而不知是谁家檐下的燕子，此时也正忙个不停地衔泥做窝，用一个“啄”字来描写燕子那忙碌而兴奋的神情，似乎把小燕子也写活了。这两句着意描绘出莺莺燕燕的动态，从而使得全诗洋溢着春的活力与生机。黄莺是公认的春天歌唱家，听着那婉转的歌喉，使人感到春天的妩媚；燕子是候鸟，随着春天一起回到了家乡，忙着重建家园，迎接崭新的生活，看着它们飞进飞出地搭窝，使人们倍感生命的美好。在对天空中的小鸟进行了形象的拟人化描写之后，白居易又把视线转向了脚下的植被。

“乱花渐欲迷人眼，浅草才能没马蹄。”这也是一联极富情感色彩与生命活力的景物描写，充分显示了白居易对描写对象的细致观察以及准确把握其特征的能力。花而言其乱，乃至要乱得迷了赏花人的目光，在旁人的诗句中，很少有这种写法，而这种独到的感受正是白居易在欣赏西湖景色时切身的体验，五颜六色的鲜花，漫山遍野地开放，在湖光山色的映衬下，千姿百态，争奇斗艳，使得白居易不知把视线投向哪里才好，也无从分辨出个高下优劣来，只觉得眼也花了，神也迷了，真是美不胜收，应接不暇。“乱花渐欲迷人眼”一句是驻足细看，而“浅草才能没马蹄”已经是骑马踏青了，在绿草如茵、繁花似锦的西子湖畔，与二三友人，信马由缰，自由自在地游山玩水，是一件非常惬意的事情，马儿似乎也体会到了背上主人那轻松闲逸的兴致，便不紧不慢地踩着那青青的草地，踏上那长长的白堤。诗人在指点湖山、流连光景的不经意间，偶然瞥到了马蹄在草地上亦起亦落、时隐时现的情境，觉得分外有趣，将其写入了诗中，就是这随意的一笔，为全诗增添了许多活泼情趣和闲情雅致。

白居易并没有看到很多的“早莺”和“新燕”，只有“几处”、只见“谁家”而已，要是其他人，说不定还会因为没有到“处处”闻莺、“家家”有燕的时节而感到遗憾，心想要是再晚来十天半个月就好了。可是白居易却不这样认为，少有少的好处，正因为少，才是“早莺”，才是“新燕”，才有一种感知春天到来的喜悦，如果诗人没有一种年轻的心态和热爱生命与春天的胸怀，恐怕就不会被这为数不多的“报春者”所打动、所陶醉，而欣然写下这动人的诗篇了。也正因为如此，他才能闻花花香、见草草美，为四处点缀的各色野花而心乱神迷，为没过马蹄的草地而唏嘘感叹。白居易是幸运的，因为他有一双发现美、发现春天的眼睛，所以他会在西湖美景中不能自已，乃至流连忘返。“最爱湖东行不足，绿杨阴里白沙堤。”白居易任杭州刺史时，也确曾修堤蓄水，灌溉民田，不过其堤在钱塘门之北，乃是后人多误以白堤为白氏所修之堤了。

这首诗就像一篇短小精悍的游记，从孤山、贾亭开始，到湖东、白堤止，一路上，在湖青山绿那美如天堂的景色中，诗人饱览了莺歌燕舞，陶醉在鸟语花香中，才意犹未尽地沿着白沙堤，在杨柳的绿荫底下，一步三回头，恋恋不舍地离去了。耳畔还回响着由世间万物共同演奏的春天的赞歌，心中便不由自主地流泻出一首饱含着自然融合之趣的优美诗歌。

思考寄语

在阿尔卑斯山谷中的一条马路上，有一块标语牌为“慢慢走，欣赏啊”，劝来往的路人为这美丽的风景驻足欣赏一番。是啊，世界上并不缺少美，而是缺少发现美的眼睛。春天，万物复苏，生命萌动，一切都是欣欣然的样子，美丽的风景数不胜数，不要总宅在家里，去踏春出游吧，让心灵来一场绿色的旅游！

20 锦 瑟

诵读主体

锦瑟无端五十弦，一弦一柱思华年。
庄生晓梦迷蝴蝶，望帝春心托杜鹃。
沧海月明珠有泪，蓝田日暖玉生烟。
此情可待成追忆，只是当时已惘然。

知人论世

李商隐（813—858），唐代诗人。字义山，号玉谿生。怀州河内（今河南沁阳）人。开成二年（837）进士。曾任县尉、秘书郎和东川节度使判官等职。处于“牛李党争”的夹缝之中，被人排挤，潦倒终身。诗歌成就很高，所作“咏史”诗多托古讽今，“无题”诗很有名。擅长律、绝，富于文采，具有独特风格，然有用典过多，意旨隐晦之病。有《李义山诗集》。

阅读鉴赏

译文：

精美的瑟为什么有50根弦，一弦一柱都叫我追忆青春年华。庄周其实知道自己只是向往那自由自在的蝴蝶，望帝那美好的心灵和作为可以感动杜鹃。大海里明月的影子像是眼泪化成的珍珠，只有在彼时彼地的蓝田才能生成犹如生烟似的良玉。那些美好的事和年代，只能留在回忆之中了。而在当时那些人看来，那些事都只是平常罢了，却并不知珍惜。

《锦瑟》是一首脍炙人口的诗作，以其深邃的意境、迷离的意象和婉转的情感，引起了无数读者的共鸣和思索。全诗以锦瑟起兴，借由琴音弦柱的吟咏，抒发了诗人对逝去年华的深深怀念与对人生无常的感慨。

首联“锦瑟无端五十弦，一弦一柱思华年”，诗人以华美的锦瑟为引子，无端而起的五十弦象征着人生经历的纷繁复杂与时光的匆匆流逝。每一弦、每一柱都似乎在诉说着过去的岁月，勾起了诗人对青春年华的无限回忆与感慨。这里的“无端”二字，既表达了诗人对锦瑟多弦的疑惑，也透露出诗人对人生无常的无奈与感慨。

颔联“庄生晓梦迷蝴蝶，望帝春心托杜鹃”，诗人巧妙地运用了庄周梦蝶和望帝春心的典故，将梦境与现实、虚幻与真实交织在一起，进一步丰富了诗歌的内涵和意境。庄周梦见自己变成一只蝴蝶，翩翩起舞，感到十分快乐，醒来后却发现自己是庄周而非蝴蝶，这种真实与虚幻的交织，正是诗人对人生如梦、往事难追的深刻体悟。“望帝春心托杜鹃”则表达了诗人对逝去情感的寄托与追忆，杜鹃啼血，声声凄切，如同诗人心中对往昔岁月的无尽思念。

颈联“沧海月明珠有泪，蓝田日暖玉生烟”，诗人以沧海月明、鲛人泣泪、蓝田日暖、良玉生烟等意象，构建出一个美丽而迷离的艺术境界。这些意象既是对前文中庄周梦蝶和望帝春心的进一步阐释，也是对人生无常、美好事物难以长存的深刻感叹。“珠有泪”是鲛人对失去爱情的哀痛，也是诗人对逝去年华的遗憾；“玉生烟”是良玉在阳光下的缥缈，也是诗人对美好回忆的怀念与追寻。

尾联“此情可待成追忆，只是当时已惘然”，是全诗的点睛之笔。诗人感叹这些美好的情感和回忆只能在日后成为追忆和怀念，而在当时，自己却未能珍惜和把握。这种无奈和惘然，既是对过去的遗憾，也是对未来的迷茫。诗人以“惘然”二字收束全诗，既表达了对逝去年华的深深怀念，也透露出对人生无常的深深感慨。

整首诗以其独特的艺术魅力，将人生、爱情、回忆等复杂的情感交织在一起，通过锦瑟这一意象，展现出诗人对逝去年华的深深怀念和对人生无常的感慨。诗中的典故和意象，既增加了诗歌的层次感和深度，也使得诗歌的意境更加深邃和迷人。同时，李商隐的诗歌常常具有隐晦迷离的特点，这首《锦瑟》也不例外，它以其深邃的内涵和独特的艺术风格，成为中国古典诗歌中的珍品。

思考寄语

《锦瑟》一诗，其深邃的意境与悠远的情思，对于正处于人生黄金时期的我们来说，有着特别的启示与寄语。青春如梦，时光如梭。我们正如锦瑟上的五十弦，每一弦都充满了无限可能与希望。在这美好的年华里，我们不仅要学习知识，更要探索人生的真谛，感悟生命的价值。“庄生晓梦迷蝴蝶，望帝春心托杜鹃。”在追寻梦想的道路上，我们或许会迷茫、困惑，但请相信，只要坚定信念，勇往直前，终会找到属于自己的那片蓝天。“沧海月明珠有泪，蓝田日暖玉生烟。”面对生活中的挑战与困难，不要轻言放弃。要相信，每一次挫折都是成长的垫脚石，每一次泪水都会化为珍珠，照亮前行的路。愿每一位学生都能珍惜这美好的时光，不负青春，不负韶华。

21 西江月·渔父词

诵读主体

千丈悬崖削翠，一川落日镕金。白鸥来往本无心。选甚风波一任。

别浦鱼肥堪脍，前村酒美重斟。千年往事已沈沈。闲管兴亡则甚。

知人论世

辛弃疾（1140—1207），南宋词人，字幼安，别号稼轩，汉族，历城（今山东济南）人。出生时，中原已被金兵所占。21岁参加抗金义军，不久归宋，历任湖北、江西、湖南、福建、浙东安抚使等职，一生力主抗金，著有《稼轩长短句》《美芹十论》等。淳熙五年（1178），辛弃疾由临安赴湖北任转运副使，行舟江上，路过采石矶时创作了这首词。

阅读鉴赏

译文：

陡峭的绿崖有千丈余高，落日照在江面上泛着金光。白鸥翔游是它的天性，既然风波无法预料又何必管它？

鱼肥美新鲜，正是吃鱼的好时节，前村好酒值得喝完再斟。前事已随时间深埋，兴盛或是衰败又有何关系？

辛弃疾的《西江月·渔父词》以其独特的艺术手法和深刻的思想内涵，为我们展现了一位超然物外、悠闲自得的渔父形象，同时也寄寓了词人对世事沧桑、兴亡更替的深沉感慨。

词的上片以“千丈悬崖削翠，一川落日镕金”起句，勾勒出一幅壮丽的山水画卷。悬崖高耸入云，翠绿欲滴，仿佛是被削出来的一般；川流不息，落日余晖洒满江面，如同镕金一般璀璨夺目。这两句不仅描绘了自然景色的壮美，也为下文的渔父形象提供了广阔的背景。

“白鸥来往本无心，选甚风波一任”两句，则直接点出了渔父的悠闲与超脱。白鸥在江面上自由自在地飞翔，它们没有目的，没有羁绊，只是随着自己的心意飞翔。渔父也是如此，他不受世俗的束缚，不问世事的风波，只是随遇而安，过着简单而自在的生活。

词的下片进一步描绘了渔父的生活状态。“别浦鱼肥堪脍，前村酒美重斟”，渔父在江边捕鱼，享受着美味的鱼脍；他又来到前村，品尝着美酒，沉醉在悠闲的生活中。这两句生动地展现了渔父的日常生活，充满了生活的气息和情趣。

然而，词人并没有仅仅停留在对渔父生活的描绘上，他在词的结尾处发出了深沉的感慨：“千年往事已沈沈，闲管兴亡则甚。”这两句揭示了词人内心的矛盾和挣扎。他深知历史的长河中，兴亡更替是不可避免的，但他又不愿意去关心这些纷繁复杂的事情。他更愿意像渔父一样，过着简单而自在的生活，不被世俗的纷扰所困。

整首词在描绘自然景色和渔父生活的同时，也寄寓了词人对人生和世事的深刻思考。他通过渔父这一形象，表达了对超然物外、悠闲自得生活的向往，也表达了对世事沧桑、兴亡更替的无奈和感慨。这种情感在词的结尾处达到了高潮，使整首词充满了深沉的艺术魅力。

此外，辛弃疾的这首词还体现了他一贯的豪放风格。他以豪放的笔触描绘了自然景色和渔父生活，同时又以深沉的情感表达了对人生和世事的思考。豪放与深沉的完美结合，使得这首词既具有广阔的视野和深厚的内涵，又充满了生活的气息和情趣。辛弃疾的《西江月·渔父词》是一首兼具艺术性和思想性的优秀词作。词人以渔父的形象为媒介，表达了对超然物外生活的向往和对世事沧桑的感慨，也展现了词人深厚的艺术功底和敏锐的人生洞察力。

每一代人都有属于他们自己的使命，每一代人也都肩负着独特的责任。我们身处这个繁荣昌盛的时代，更不能辜负这个时代赋予我们的机遇，要勇于站在时代的最前沿，勇于承担起重大的责任，成为新时代的先驱者，激起一朵朵绚烂的浪花。

致福成义
礼达四方

1 子路、曾皙、冉有、公西华侍坐

诵读主体

子路、曾皙、冉有、公西华侍坐。

子曰："以吾一日长乎尔，毋吾以也。居则曰：'不吾知也。'如或知尔，则何以哉？"

子路率尔而对曰："千乘之国，摄乎大国之间，加之以师旅，因之以饥馑；由也为之，比及三年，可使有勇，且知方也。"

夫子哂之。

"求！尔何如？"

对曰："方六七十，如五六十，求也为之，比及三年，可使足民。如其礼乐，以俟君子。"

"赤！尔何如？"

对曰："非曰能之，愿学焉。宗庙之事，如会同，端章甫，愿为小相焉。"

"点！尔何如？"

鼓瑟希，铿尔，舍瑟而作，对曰："异乎三子者之撰。"

子曰："何伤乎？亦各言其志也。"

曰："莫春者，春服既成，冠者五六人，童子六七人，浴乎沂，风乎舞雩，咏而归。"

夫子喟然叹曰："吾与点也！"

三子者出，曾皙后。曾皙曰："夫三子者之言何如？"

子曰："亦各言其志也已矣。"

曰："夫子何哂由也？"

曰："为国以礼，其言不让，是故哂之。""唯求则非邦也与？""安见方六七十如五六十而非邦也者？""唯赤则非邦也与？""宗庙会同，非诸侯而何？赤也为之小，孰能为之大？"

知人论世

孔子（前551—前479），名丘，字仲尼，春秋末期鲁国陬邑（今山东曲阜）人，中国古代伟大的思想家、政治家、教育家，儒家学派创始人。

《论语》内容涉及政治、教育、文学、哲学以及立身处世的道理等方面。早在春秋后期孔子设坛讲学时期，其主体内容就已初始创成；孔子去世以后，他的弟子和再传弟子代代传授他的言论，并逐渐将这些口头记诵的语录言行记录下来，因此称为“论”；《论语》主要记载孔子及其弟子的言行，因此称为“语”。清朝赵翼解释说：“语者，圣人之语言，论者，诸儒之讨论也。”其实，“论”又有纂的意思，所谓《论语》，是指将孔子及其弟子的言行记载下来编纂成书。现存《论语》20篇，492章，其中记录孔子与弟子及时人谈论之语约444章，记录孔门弟子相互谈论之语48章。

阅读鉴赏

本文是《论语》中有完整结构的一章，人物的语言神态都写得很有个性，是富有文学色彩的一篇，也是反映孔子的政治思想和教育理念的著名篇章。

谈话围绕孔子问志展开。孔子先以平易近人的态度、亲切的语言鼓励学生在尊长面前畅所欲言，用假设询问来启发他们谈志向，体现出和蔼可亲、循循善诱的教育家形象。

接着四个学生“言志”，从他们的神态和个性化的语言可以看出各自不同的志向和性格：子路轻率爽直、勇而知方，志在军旅，其言奔放直接；冉有、公西华审慎谦逊，志在政事，其言含蓄婉转；曾皙性格平和，雍容洒脱，志在太平盛世之寻常日用，其言平淡深远。曾皙的话勾画了一幅太平盛世的和乐景象，符合儒家礼乐治国的政治主张，所以最得孔子的心。

本文通过记述孔子和他的四个弟子言志的一次谈话，反映了儒家“足食足兵”“先富后教”“礼乐治国”的政治思想及孔子循循善诱、因材施教的教育理念。文章结构完整，对话生动，形象鲜明，栩栩如生，富有文学色彩。

思考寄语

作为儒家创始人的孔子，主张克己复礼，以礼治国。这在今天依然给我们很大的启示。儒家思想在世界范围流传甚广，不仅传承了中国文化，也为解决当今全球性的道德和社会问题提供了借鉴。

2 话说谦让

诵读主体

谦让是一种美德，若想在眼前的实际生活里寻一个具体的例证，却也不容易。类似谦让的事情近来似乎很难得发生一次。就我个人的经验说，在一般宴会里，客人入席之际，我们最容易看见类似谦让的事情。

一群客人挤在客厅里，谁也不肯先坐，谁也不肯坐首座，好像“常常登上座，渐渐入祠堂”的道理是人人所不能忘的。于是你推我让，人声鼎沸。辈分小的、官职低的，垂着手远远地立在屋角，听候调遣。自以为有占首座或次座资格的人，无不攘臂而前，拉拉扯扯，不肯放过他们表现谦让的美德的机会。有的说：“我们叙齿，你年长！”有的说：“我常来，你是稀客！”有的说：“今天非你上座不可！”事实固然是为让座，但是当时的声浪和唾沫星子却都表示像在争座。主人摆一张笑脸，偶然插一两句嘴，作鹭鸶笑。这场纷扰，要直到大家的兴致均已低落，该说的话差不多都已说完，然后急转直下，突然平息，本就该坐上座的人便去就了上座，并无苦恼之相，而往往是显得踌躇满志、顾盼自雄。

每次遇到这样谦让的场合，我便首先想起《聊斋》上的一个故事：一伙人在热烈地让座，有一位扯着另一位的袖子，硬往上拉，被拉的人硬往后躲，双方势均力敌，突然间拉着袖子的手一松，被拉的那只胳臂猛然向后一缩，胳臂肘尖正撞在后面站着的一位驼背朋友的两只特别凸出的大门牙上，咔嚓一声，双牙落地！我每忆起这个乐极生悲的故事，为明哲保身起见，在让座时我总躲得远远的。等风波过后，剩下的位置是我的，首座也可以，坐上去并不头晕；末座亦无妨，我也并不因此少吃一口。我不谦让。

考让座之风之所以如此盛行，其故有二。第一，让来让去，每人总有一个位置，所以一面谦让，一面稳有把握。假如主人宣布，位置只有十二个，客人却有十四位，那便没有让座之事了。第二，所让者是个虚荣，本来无关宏旨，凡是半径都是一般长，所以坐在任何位置（假如是圆桌）都可以享受同样的利益。假如明文规定，凡坐过首席若干次者，在铨叙上特别有利，我想让座的事情也就少了。我从不曾看见，在长途汽车车站售票的地方，如果没有木制的长栅栏，而还能够保留一点谦让之风！因此我发现了一般人处世的一条道理，那便是：无须让的时候，则无妨谦让一番，于人无利，于己无损；在该让的时候，则不谦让，以免损己；在应该不让的时候，则必定谦让，于己有利，于人无损。

小时候读到孔融让梨的故事，觉得实在难能可贵，自愧弗如。有人猜想，孔融那几天也许肚皮不好，怕吃生冷，乐得谦让一番。我不敢这样妄加揣测。不过我们要承认，利之所在，可以使人忘形，谦让不是一件容易的事。

谦让作为一种仪式，并不是坏事，像天主教会选任主教时所举行的仪式就蛮有趣。就职的主教照例地当众谦逊三回，口说“nolocpiscopari”，意即“我不要当主教”，然后照例地敦促三回，终于勉为其难了。我觉得这样的仪式比宣誓就职之后再打通电声明固辞不获要好得多。谦让的仪式行久了之后，也许对于人心有潜移默化之功，使人在争权夺利、奋不顾身之际，不知不觉地也举行起谦让的仪式。可惜我们人类的文明史尚短，潜移默化尚未能奏大效，露出原始人的狰狞面目的时候要比雍雍穆穆地举行谦让仪式的时候多些。

知人论世

梁实秋（1903—1987），原名梁治华，字实秋，笔名子佳、秋郎、程淑等，浙江杭县（今浙江杭州）人，出生于北京。中国现当代散文家、文学批评家、翻译家，国内第一个研究莎士比亚的权威。他一生给中国文坛留下了两千多万字的著作，代表作《莎士比亚全集》（译作）等。

阅读鉴赏

梁实秋的散文往往具有“外谐内庄”的审美情趣，《话说谦让》，人人都会为它的“外谐”表现而发笑，但笑过之后，又觉得文章骨子里相当严肃。

文章开篇点出“谦让仿佛是一种美德”，“仿佛”一词点出生活中有些时候的谦让并不是真正的谦让。列举了吃饭入席时的你推我让，说着一堆虚情假意的话，假意推辞半天，结果最后“本就该坐上座人的便去就了上座，并无苦恼之相，而往往是显得踌躇满志、顾盼自雄”。接着插入《聊斋》的一个让座的悲剧故事，说明自己不谦让，并考证了让座之风盛行的两大原因：一是“让来让去，每人总有一个位置”；二是“所让者是个虚荣，本来无关宏旨”。这就显得洞幽烛隐，触及问题的实质了，如果位置不够，绝不会发生谦让之事。

作者用讽刺的手法总结了一条为人处世之道：无须让的时候，则无妨谦让一番，于人无利，于己无损；在该让的时候，则不谦让，以免损己；在应该不让的时候，则必定谦让，于己有利，于人无损。最后呼唤大家在真正需要谦让的时候要谦让，无须谦让的时候不必谦让。

文章语言幽默风趣、针砭时弊，今天读来依然忍俊不禁，发人深省。

谦让，作为传统美德，历来受大家推崇，但梁实秋却在文章中讽刺了那种假谦让、真虚伪的情形。那种形式主义的“谦让”之风应该摒弃，而真正的“谦让”之风则应该发扬光大。

3 修　养

诵读主体

行远，必先修其近；登高，必先修其低。近不修，无以行远路；低不修，无以登高山。

苏轼有言：“匹夫见辱，拔剑而起，挺身而斗，此不足为勇也。天下有大勇者，猝然临之而不惊，无故加之而不怒。”

是的，以修养对待修养，还不是真正的修养，以修养对待无修养才是真正的修养。

修养，必得历事。

不历事的修养，当事情发生的时候，人或许能够保持外表上的平静，却无法保持内心的平静。历过事的修养，当事情发生的时候，人则可以保持内心的平静，外表自然也是平静的了。

在生活中，从未遭人毁谤的人恐怕并不太多。而对毁谤如何办呢？清人申涵光在《荆园进语》中所言：“何以止谤，曰无辩，辩愈力，则谤者愈巧。”或许能够给予我们某种启示。

修养，不是说不会发脾气，而是说不会轻易发脾气。不会发脾气的人不一定是有修养的人，动不动就发脾气的人，则是缺乏修养的人。

修养之所以重要，其中一点，是因为良好的修养可以帮助我们减少人际关系中的紧张与摩擦。难道非要把生命耗费在人际摩擦中吗？

一个在人生中欲有所成的人，必得不断加强自身的修养。否则，他不是毁在鲜花中，便是毁在流言中。

据说，古希腊哲学家苏格拉底，是总能够让人心服口服的第一人。他总是先提出一个让对方必须说“是”的问题，然后再提出一个让对方仍不能不说“是”的问题，如此继续，当对方领悟到他的用意的时候，原来被自己“否定”的问题，已被自己“肯定”了。

苏格拉底的询问法，被广为流传和运用，这既表现为一种智慧，也表现为一种耐心。而这样的方法，非有修养者难以为。

知人论世

汪国真（1956—2015），生于北京，祖籍福建厦门，当代诗人、书画家。

汪国真1982年毕业于暨南大学中文系，于1984年发表第一首比较有影响的诗《我微笑着走向生活》。从1985年起，将业余时间集中于诗歌创作，其间一首打油诗《学校一天》刊登在《中国青年报》上。1990年4月20日，汪国真的第一部诗集《年轻的潮》交稿，5月21日由北京学苑出版社出版。1990年7月4日，其诗集被《新闻出版报》列为当年十大畅销书之一，文艺类独此一本，掀起一股“汪国真热”。多年来，汪国真的诗集一直畅销不衰，形成了独特的“汪国真现象”，可谓中国诗歌界乃至出版界的一个文化奇迹。

阅读鉴赏

这篇文章开篇点出了“修养”的重要性，就如古人说的“修身、齐家、治国、平天下”，强调修己是治人的前提，修身的目的是治国平天下，说明了治国平天下和个人道德修养的一致性。接着阐释了什么是真正的修养：以修养对待无修养才是真正的修养。分析

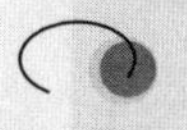

获得修养的途径是必得历事，历过事的修养才能在事情发生的时候，保持内心的平静。但是有修养并不意味着不发脾气，而是不轻易发脾气。最后用苏格拉底的询问法可以让人心服口服，是一种智慧，也是一种耐心，这也是一种修养。

思考寄语

修养是指一个人在道德、品行、学识等方面所具备的素质和修养，它不仅体现在人的外在，更是一个人内心的显现。良好的修养可以赢得他人的尊重和认可。希望我们都能不断提升自己的修养，成为一个有涵养、有道德、有学识、有品行的人。

4 博学之

诵读主体

博学之，审问之，慎思之，明辨之，笃行之。有弗学，学之弗能，弗措也。有弗问，问之弗知，弗措也。有弗思，思之弗得，弗措也。有弗辨，辨之弗明，弗措也。有弗行，行之弗笃，弗措也。人一能之，己百之；人十能之，己千之。果能此道矣，虽愚必明，虽柔必强。

知人论世

此篇节选自《中庸·第二十章》。

《中庸》是儒家经典的“四书”之一。《中庸》原是《礼记》中的一篇，作者为孔子后裔子思，后经秦代学者修改整理。《中庸》是被宋代学人提到突出地位上来的，宋代探索中庸之道的文章不下百篇，北宋程颢、程颐极力尊崇《中庸》，南宋朱熹又作《中庸章句》，并把《中庸》和《大学》《论语》《孟子》并称为“四书”。宋、元以后，《中庸》成为学校官定的教科书和科举考试的必读书，对古代教育产生了极大的影响。中庸，从人性来讲，就是人性的本原、人的智慧本性，用现代文字表述就是“临界点”，这就是难以把握的“中庸之道”。

阅读鉴赏

译文：

广泛地学习，谨慎地求问，周密地思考，明确地分辨，笃诚地践行。要么不学，既然学了，如果没有学会就绝不罢休；要么不问，既然问了，如果没有弄懂就绝不罢休；要么不想，既然想了，如果没有想明白就绝不罢休；要么不分辨，既然分辨了，如果没有明确就绝不罢休；要么不实行，既然实行了，如果没有成效就绝不罢休。别人一次能够做到的，自己用一百次也能够做到；别人十次能够做到的，自己用一千次也能够做到。果真能够做到这样，即使是愚笨的人也能够聪明起来，即使是柔弱的人，最终也能够强大。

“博学之，审问之，慎思之，明辨之，笃行之”，教育我们一旦选定了目标，就应该执着地追求。只有博大和宽容，才能具有广阔的视野和豁达的胸襟，真正做到“海纳百川，有容乃大”。又要能“取其精华，去其糟粕”，辨别是非、分清黑白、判定真伪。最后踏踏实实、一心一意、坚持不懈地去实践，才能真正做到“笃行”。“博学之，审问之，慎思之，明辨之，笃行之”，既是根本目的，又是实现目标的重要手段。“弗措”的精神，就是锲而不舍的精神。“人一能之，己百之；人十能之，己千之”，也就是俗语中所说的“笨鸟先飞”的态度，二者都是执着追求的一种体现。

思考寄语

我们无论是学习文化知识还是学习专业技能，都需要多方面、广泛地学习，不懂的或者不太明白的需要直接详细地询问，彻底搞懂。学习期间需要慎重地思考，也需要明确地辨别，更需要切实地力行。尤其是在学习技能的时候，许多操作都得经过反复训练才能完成，坚持锲而不舍的精神，以“笨鸟先飞”的姿态学习，那么无论出现什么困难都可以克服，无论什么样的成功都能取得。

5 训诸子书（节选）

诵读主体

余家托赖祖宗积德，始能子孙累代居官，惟我禄秩最高。自问学业未进，天爵未修，竟得位居宗伯，只恐累代积福，至余发泄尽矣！所以居下位时，放浪形骸，不修边幅，官阶日益时，心忧日益深。

古语不云乎？跻愈高者陷愈深。居恒用是兢兢，自奉日守节俭，非宴客不食海味，非祭祀不许杀生。余年过知命，位列高尚，禄寿亦云厚矣，不心再事戒杀修善，盖为子孙留些余地耳。

……

吾特购粮田百亩，雇工种植，欲使尔等随时学稼，将来得为安分农民，便是余之肖子。纪氏之鬼，永不馁矣！尔等勿谓春耕夏苗、胼手胝足，乃属贱丈夫之事，可知农居四民之首，士为四民之末。农夫披星戴月，竭全力以养天下之人，世无农夫，人皆饿死，乌可贱视之乎？戒之戒之！

知人论世

纪昀（1724—1805），字晓岚，号石云，直隶河间府献县（今河北献县）人，清代政治家、文学家。历官左都御史，兵部、礼部尚书、协办大学士加太子太保管国子监事致仕，曾任《四库全书》总纂修官。纪昀学宗汉儒，博览群书，工于诗歌及骈文，尤长于考证训诂。他的诗文经后人搜集编为《纪文达公遗集》。

阅读鉴赏

译文：

我家托庇倚赖祖先积累的德行，才能让子孙几代担任官职，只有我俸禄品级最高。可我明白自己学问没有进展，道德修养修炼得不够完美，竟然维持了宗伯的官位，大抵恐怕是几代人累积下的福德，到我这里已全部散发出来。所以我做小官时，行动不受世俗礼节的束缚，不注意衣着或容貌的整洁，随着官位一天天晋升，内心的担忧也一天天加深。

古话不是说了吗？上升得越高的人沉陷得越深。处于恒久不变需要谨慎，自己日常生活享用保持节俭有度，不是宴请客人就不吃海鲜，不是祭祀祖先就不能屠杀生灵。我已经过了知天命的50岁了，官至尚书，俸禄寿命说来也是丰厚了，无心再戒杀生灵，而是断恶行善，为子孙留下一些余地吧。

……

我专门买了几百亩的田地，雇别人种地，也是打算让你们随时能学习种田，将来能成为安分的农民，这就是我的好儿子了。我们家的祖先也可以永远得到祭祀，不至于受饿。你们不要认为春耕夏苗、手脚上长出茧子，这只是地位低下的人应该做的事儿。你们可曾知道，农民地位是社会各类人的首位，知识分子却是末位。农民们披星戴月，竭尽全力劳动，才养活天下的人。如果世界上没有农夫，人们都会饿死，怎么能看不起他们呢？一定要警诫自己啊！

纪昀一生学问显达，为人谦恭，克勤克俭。他说自己“浮沉宦海如鸥鸟，生死书丛似蠹鱼”，到了老年，忧心子孙。他告诫子孙不要骄奢，要谨慎谦逊，因为当年的帝王将相之后沦为乞丐者有之，旧时的豪门富贵之家破败凋敝者亦有之。节选部分，他恳切地叮嘱子辈要亲自参加劳动，做个农民，也可成为纪氏的孝子贤孙。他提醒子孙不要认为种田是低贱的事，要尊重农民，因为自古以来，农民的地位很高，他们辛勤劳作，养活天下人。此书信言简意赅，生动传神。

思考寄语

纪昀身居高位，但是很有危机意识。他办家庭农场，让子孙树立务农光荣的意识，学会最基本的生存手段。这给了我们很深的启示：即使我们身处顺境，也要未雨绸缪，居安思危；即使我们身居高位，也要如履薄冰，放下身段，勤俭行善，尊重他人。

6 明人伦，知礼义，辨义利（节选）

诵读主体

南宋著名理学家张栻修身思想的核心内容，概括为明人伦、知礼义、辨义利。这是一种人格修养，目的在成才善俗。成才善俗是张栻教育思想的最终目标。

人伦即伦理，是人与人之间相处的道德规范，它是维持社会和谐有序的基本准则。在张栻看来，“人伦之在天下，不可一日废，废则国随之”。人伦是关系到国家兴亡的大问题，故孟子所谓“明人伦”，不仅“自唐虞以来，固莫不以是教”，也是当今教育的首要任务与目标。明人伦，首先应当知孝悌。张栻指出“明伦以孝悌为先”，而“孝悌为仁之本”，所以人格的培养，要从“亲亲”开始，家、国、天下密切相关，原为一体。孝悌是万善的基础，人道的出发点，孝悌就像水之源、木之根，在家爱父母、敬兄长，出而将此心扩而充之，通过学校教育，讲明孝悌之义，行孝悌于其乡，可以成才善俗。因此人伦即礼义，人伦叙则礼义兴，礼义兴则天下平。

修身除了要“明人伦”“知礼义”外，还要讲明“义利”（善利）。义利之辨，是儒家的老话头，而在张栻思想中尤其深受重视。孟子说："鸡鸣而起，孳孳为善者，舜之徒也；鸡鸣而起，孳孳为利者，跖之徒也。"张栻认为："舜、跖之分，善与利之间而已矣。"就好比道路，善（义）是天下之坦途，而利则是山径之邪曲。如果一个人受物欲蒙蔽，舍康庄大道不走，却去走山间邪曲小径，就是不知什么是善（义），迷失了方向。修身的一个重要任务，就是要分辨什么是善（义）。

明人伦、知礼义、辨义利，实际上是一种人格修养。俗话说："少成若天性，习惯如自然。"因此人格教育从小就要从洒扫、应对、进退这些生活细节上去培养，"以固其肌肤，而束其筋骸"，又通过经典和礼仪教育，"使之诵《诗》、读《书》、讲礼、习乐，以涵泳其情性，而兴发于义理"。如此，通过"师以导之，友以成之"，长期潜移默化，耳濡目染，"所趋日入于善，而自远于利"；"及其久也，其志益立，其知益新，而明夫善之所以为善，则其于毫厘疑似之间，皆有以详辨而谨察之"。通过日积月累的功夫，所见日广，所进日远，良好的人格形成之后，就再也难以改变了。

明人伦、知礼义、辨义利，归根结底，在于"成才善俗"。张栻说："学也者，所以成才而善俗也。""成才"与"善俗"，正是张栻所希望达到的社会效果。所谓"成才"，就是要使受教育者成为明人伦、知礼义、辨义利的人格健全的人才；"善俗"，就是通过教育，使受教育者在家知孝悌，出门将此心扩充，仁民爱物，使百姓效法，从而使人人都能爱亲敬长，兴仁兴让，社会和谐。可以说"成才善俗"是张栻教育思想的最终目标。张栻希望通过兴办学校，"详其训迪，以夫人伦之教、圣贤之言行熏濡之以渐，由耳目以入其心志"，以圣贤之教训其子弟，率其朋友，形成风尚，"异时人才成就，风俗醇美"，教育的效果必然显现出来。

知人论世

本文转载自《四川日报》的"思想周刊"版。

阅读鉴赏

这是发表在《四川日报》上的一篇文章。作者主要阐述的是南宋理学家张栻的思想。张栻非常重视修身，本文将他修身的核心内容概括为明人伦、知礼仪、辨义利。明人伦，首先应当知孝悌，讲礼仪，礼义兴则天下平，还要会分辨善（义）。这是我们从小就应该从生活细节中去培养的人格修养，达到"成才善俗"的目的。

张栻认为修身方法主要有六个方面：爱身、养心、克己、持敬、致知、力学。爱身是儒学最核心的内容，也是做人之道。欲修身，先要"爱身"。"爱身"并不等于只顾自己，不管别人，只有"自爱"，才能"爱人"。修身的根本，在于养心。在张栻看来，"心"有两层含义：一是指认识器官及其认识思维能力；二是指主体自身的道德心理及道德意识。养心必须克己，即克制自己的贪欲。因此要克己穷理，节制私欲，改善气质。克己，即时时省察自己，防止"心过"。还要持敬，人要有敬畏之心，敬畏天道，敬畏神明，敬畏祖宗，敬畏一切神圣的事物。要有所恐惧，懂得感恩、正身修己，致知力行，视听言动，不违天理。天下之理，惟实为贵，因此要孝悌忠信，知止明分。最后致知，还需力学。致知的结果还应当落实到"力行"上面。

思考寄语

张栻指出，人之立身，言行为大。惟言易出，惟行易怠。闻过以改，闻善以从。谄言溺心，奸言败德。因此，谨言慎行是修身要求。当今世界充满了各种诱惑，如果修身不谨；自律不严，稍有疏忽，就有可能误入歧途。怎样才能避免？张栻强调要培养正气："天下之动，以正而一。正本我有，养之斯吉。"张栻告诫我们要明白义利之辨，要先公义而后私利。不动于声色，不动于货财。不要放纵欲望，不要贪图安逸，不要结交非朋，不要从事奢靡。这些在今天仍然具有参考价值。

7 做一个战士

诵读主体

一个年轻的朋友写信问我:“应该做一个什么样的人?”我回答他:“做一个战士。”

另一个朋友问我:“怎样对付生活?”我仍旧答道:“做一个战士。”

《战士颂》的作者曾经写过这样的话:

我激荡在这绵绵不息、滂沱四方的生命洪流中,我就应该追逐这洪流,而且追过它,自己去造更广、更深的洪流。

我如果是一盏灯,这灯的用处便是照彻那多量的黑暗。我如果是海潮,便要鼓起波涛去洗涤海边一切陈腐的积物。

这一段话很恰当地写出了战士的心情。

在这个时代,战士是最需要的。但是这样的战士并不一定要持枪上战场。他的武器也不一定是枪弹。他的武器还可以是知识、信仰和坚强的意志。他并不一定要流仇敌的血,却能更有把握地致敌人的死命。

战士是永远追求光明的。他并不躺在晴空下享受阳光,却在暗夜里燃起火炬,给人们照亮道路,使他们走向黎明。驱散黑暗,这是战士的任务。他不躲避黑暗,却要面对黑暗,跟躲藏在阴影里的魑魅、魍魉搏斗。他要消灭它们而取得光明。战士是不知道妥协的。他得不到光明便不会停止战斗。

战士是永远年轻的。他不犹豫,不休息。他深入人丛中,找寻苍蝇、毒蚊等危害人类的东西。他不断地攻击它们,不肯与它们共同生存在一个天空下面。对于战士,生活就是不停的战斗。他不是取得光明而生存,便是带着满身伤疤而死去。在战斗中力量只有增长,信仰只有加强。在战斗中给战士指路的是“未来”,“未来”给人以希望和鼓舞。战士永远不会失去青春的活力。

战士是不知道灰心与绝望的。他甚至在失败的废墟上，还要堆起破碎的砖石重建九级宝塔。任何打击都不能击破战士的意志。只有在死的时候他才闭上眼睛。

战士是不知道畏缩的。他的脚步很坚定。他看定目标，便一直向前走去。他不怕被绊脚石摔倒，没有一种障碍能使他改变心思。假象绝不能迷住战士的眼睛，支配战士的行动的是信仰。他能够忍受一切艰难、痛苦，而达到他所选定的目标。除非他死，人不能使他放弃工作。

这便是我们现在需要的战士。这样的战士并不一定具有超人的能力。他是一个平凡的人。每个人都可以做战士，只要他有决心。所以我用“做一个战士”的话来激励那些在彷徨、苦闷中的年轻朋友。

知人论世

巴金（1904—2005），本名李尧棠，字芾甘，中国当代作家。著作有小说《雾》《雨》《家》《春》等，散文集《赞歌集》、杂文集《随想录》等。

2003年11月，被国务院授予“人民作家”荣誉称号。

阅读鉴赏

巴金的《做一个战士》是一篇充满深刻哲理的散文，其核心思想是鼓励人们成为追求光明、为人类前途而战的战士。在这个时代，战士并不一定需要持枪上战场，他们的武器可以是知识、信仰和坚强的意志。他们不一定要流敌人的血，却能更有把握地置敌人于死地。战士是永远追求光明的，他们不躺在晴空下享受阳光，却在黑暗里燃起火炬，给人们照亮道路，使他们走向黎明。战士是不知道妥协的，他们得不到光明便不会停止战斗。战士是永远年轻的，他们不犹豫、不休息，他们深入人丛中找寻危害人类的东西，不断地攻击它们，不肯与它们共同生存在一个天空下面。战士是不知道灰心与绝望的，他们甚至在失败的废墟上还要堆起破碎的砖石，重建九级宝塔。战士是不知道畏缩的，他们的脚步很坚定，他们看定目标便会一直向前走去，他们不怕被绊脚石所绊倒，没有一种障碍能够使他们改变心思。这便是我们现在需要的战士，每个人都可以做战士，只要他有决心。

这篇杂文以抒情的笔调议论，全篇洋溢着抒情诗的色彩。它议论的是"在这个时代"需要人们"做一个战士"。作者的观点明确、自信、毫不含糊，同时文章又洋溢着感情。为了表现浓烈的感情，文章采用了比喻和排比的修辞手法，用了一连串的排比句和排比段。如文章的中间四段，"战士是永远追求光明的""战士是永远年轻的""战士是不知道灰心与绝望的""战士是不知道畏缩的"。作者通过这种手法，把抽象的议论化为强烈的抒情，以理服人，以情感人，将议论和抒情融为一体，使文章产生了强烈的艺术感染力量。

思考寄语

巴金的这篇文章表达的是一个老前辈对后辈的殷切希望，还有谆谆的教诲，以及无尽的爱。他说："每个人都可以做战士，只要他有决心。所以我用'做一个战士'的话来激励那些在彷徨、苦闷中的年轻朋友。"激励年轻人勇于战斗。在战斗中力量只有增长，信仰只有加强。在战斗中给战士指路的是"未来"，"未来"给人以希望和鼓舞。

总之，这篇文章是巴老自由之思想、独立之人格、批判之精神的体现。巴金留给后人的"战士本色"显得卓尔不群，弥足珍贵。让我们向巴金的"战士本色"人生致敬吧。

8 礼记·月令（节选）

诵读主体

孟春之月，东风解冻，蛰虫始振，鱼上冰，獭祭鱼，鸿雁来。
仲春之月，始雨水，桃始华，仓庚鸣，鹰化为鸠。
季春之月，桐始华，田鼠化为鴽，虹始见，萍始生。

孟夏之月，蝼蝈鸣，蚯螾出，王瓜生，苦菜秀。
仲夏之月，小暑至，螳螂生，鵙始鸣，反舌无声。
季夏之月，温风始至，蟋蟀居壁，鹰乃学习，腐草为萤。

孟秋之月，凉风至，白露降，寒蝉鸣，鹰乃祭鸟。
仲秋之月，盲风至，鸿雁来，玄鸟归，群鸟养羞。
季秋之月，鸿雁来宾，爵入大水为蛤，鞠有黄华，豺乃祭兽戮禽。

孟冬之月，水始冰，地始冻，雉入大水为蜃，虹藏不见。
仲冬之月，冰益壮，地始坼，鹖旦不鸣，虎始交。
季冬之月，雁北乡，鹊始巢，雉雊，鸡乳。

知人论世

在《礼记·月令》一篇里，世界是一个井然有序的多层次结构。太阳居高临下，它对世间万物具有决定性的意义。太阳运行而成四时，每时分三月，每月两个节气，每个节气各有三候。而与四时相对应，每时都有一班帝神，每个月各有相应的祭祀的礼制。

再下一个层次是各种人事活动，从天子到万民，政令、民事、农事、刑狱等。人事要受到太阳、四时、五行等各种力量的制约。所以，人要遵循自然，抗拒或者违背就要受到惩罚。从这种角度来说，《礼记·月令》篇讲的就是古人的自然法。

阅读鉴赏

译文：

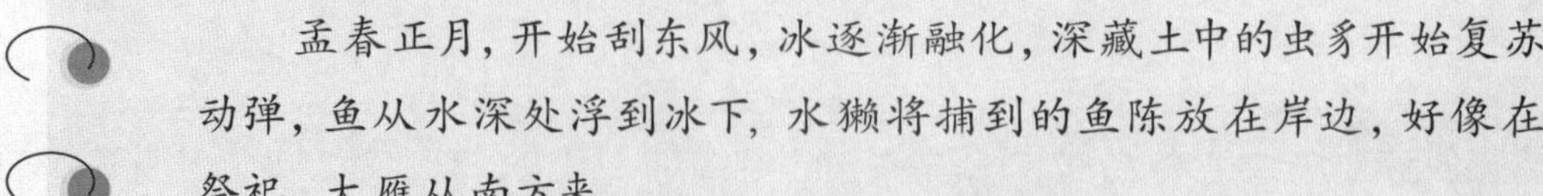

孟春正月，开始刮东风，冰逐渐融化，深藏土中的虫豸开始复苏动弹，鱼从水深处浮到冰下，水獭将捕到的鱼陈放在岸边，好像在祭祀，大雁从南方来。

仲春二月，开始下雨，桃树开始开花，黄鹂鸟开始鸣叫，老鹰变成布谷鸟。

季春三月，梧桐开始开花，田鼠变成鹌鹑，这时阴晴不定，可看见彩虹，池塘里开始生了浮萍。

孟夏四月，蛤蟆开始鸣叫，蚯蚓从土里钻出，王瓜出土生长，苦菜开花。

仲夏五月，小暑的节气到来，螳螂出生，伯劳鸟开始鸣叫，百舌鸟的叫声听不到了。

季夏六月，温湿的风开始到来，蟋蟀移居墙壁之下，雏鹰开始练习搏击，腐烂的草变为萤火虫。

孟秋七月，凉风开始吹，露水开始降落，寒蝉开始鸣叫，老鹰开始在长空搏击杀鸟。

仲秋八月，开始刮大风，大雁从北来，燕子归向南方，群鸟开始储存食物过冬。

季秋九月，大雁继续从北往南飞，雀进入大海变化为蛤蜊，菊开黄花，豺将捕杀的野兽四面摆放如同祭祀。

孟冬十月，河水开始结冰，大地开始冻结，野鸡潜入淮水化为大蛤，天空中的虹不再出现。

仲冬十一月，水面结成硬冰，地面被冻裂，鹖旦不再鸣叫，老虎开始有求偶的行为。

季冬十二月，鸿雁飞向北国，喜鹊开始筑巢，野鸡开始鸣叫，家鸡开始抱蛋。

本篇共有12个部分，每一个部分都概括了相应的时令特点。这是一篇说明文，整篇文章以节气为主线，层次结构清晰，其创作方法和叙述手法都可为现代文学创作提供借鉴。它向我们描述了一个层次分明的世界，涉及每个时令自然和人类社会的各个方面。

思考寄语

中华民族以农耕为本，自然运转、岁时变迁对农耕生产具有决定性影响。《礼记·月令》体现了古代人们对时间的重视，告诉我们应该遵循自然规律，与大自然和谐相处。《礼记·月令》依据每月时令的特点，顺应自然规律，进行相应的人事活动，它所体现的可持续发展的生态理念对于当今严峻的环境问题有一定的借鉴意义。我们应该对传统文化中的精华加以吸收利用，遵循自然的、和谐的生活方式。

9 君子有礼

诵读主体

君子的种种思想品德，需要形之于约定俗成的行为规范，这便是礼。由礼构成仪式，便是礼仪。

精神需要赋形，人格需要可感，君子需要姿态。这不仅是一个“从里到外”的过程，而且也能产生“从外到里”的反馈。那就是说，当外形一旦建立，长期身体力行，又可以反过来加固精神、提升人格。

对外来说，“君子之德风”，君子的品德需要传播。在传播渠道稀少、文本教育缺乏的古代，有效传播的主要媒介，就是君子本身的行为方式。因此，君子的礼仪，具有空间和时间上的扩展使命。

正因为这样，历代君子没有不讲究礼仪的。中国也由此而被称为“礼仪之邦”。

普普通通的人，有礼上身，就显出高贵。而这种高贵是有对象的，既尊敬人，又传染人。这个意思，就是《左传》上的一段话："君子贵其身而后能及人，是以有礼。"

正是这段话的首尾四字，组成了这小节的标题。也有说得更强烈的。在某些哲人看来，有没有礼，不仅是君子和小人的区别，而且是人和禽兽的区别。例如："凡人之所以贵于禽兽者，以有礼也。"《晏子春秋·内篇第一》说得有点过分，但我明白其中意气。看了生活中太多无礼的恶相，不得不气愤地骂一句：一个人如果无礼，简直就是禽兽。

换一种语气说，更能让人接受。也是《左传》里的话，虽也斩钉截铁，倒是听得入耳："礼，人之干也。无礼，无以立。"把礼比喻成一个人站立起来的躯干，这种说法很有文学性，我喜欢。扩而大之，《左传》还进一步认为，当礼变成一种集体仪式，也有可能成为一个邦国的躯干："礼，国之干也。"

这让我们联想到现在各国的国庆礼仪和大型国际性盛典的开幕仪式。即使没有重大典仪、国民之礼，也是国之躯干。但是，这还是讲大了。君子之道中的礼，主要是指个人在日常生活中的行为规范。任何行为规范，都会表达某种意向。那么，究竟是什么意向在中国人的日常礼仪中最常见、最重要呢？

一是"敬"，二是"让"。

先说"敬"。孟子说："有礼者敬人。"墨子说："礼，敬也。"这就表明，一个有礼的君子，他的全部动作都会表达对他人的尊敬。敬，是高看他人一眼，而不是西方式的平视。中国几千年都受控于家族伦理和官场伦理，到今天仍然如此，所以习惯于把恭敬交付给长辈、亲友、上级、官员。但是，君子之敬，并不是家族伦理和官场伦理的附属品，它具有一定的独立性。

一个君子，如果对偶然相遇的陌生人也表示出尊敬，那么，这种尊敬也就独具价值。因此，我常常在彼此陌生的公共空间发现这样的君子。

在这里，互敬成为一种互馈关系，双向流动。公共空间的无限魅力，也由此而生。这种互馈关系，孟子说得最明白：敬人者，人恒敬之。

再说“让”。简单说来，那就是后退一步，让人先走；那就是让出佳位，留给旁人；那就是一旦互堵，立即退让；那就是分利不均，率先放弃……这一切，都不是故意表演，做给人看，而是在内心就想处处谦让，由心赋形。还是孟子说的：辞让之心，礼之端也。所谓“礼之端”，就是礼的起点。为什么辞让能成为起点？因为世界太拥挤，欲望太密集，纷争太容易。唯有后退一步，才会给他人留出空间。敬，也从后退一步开始。

辞让，是对自己的节制。一人的节制也能做出榜样，防止他人的种种不节制。这是《礼记》说过的意思：礼者，因人之情而为之节文，以为民坊者也。这个“坊”字，古时候与“防”相通。这句话用我的语气来说是这样的：什么是礼？对人的性情加以节制，从而对民间作出防范性的示范。

说得有点绕。一切还是要回到孔子。在孔子看来，为什么要礼？为什么要敬？为什么要让？都是为了一个目的：和。君子之责，无非是求人和、世和、心和。他用简洁的六个字来概括：礼之用，和为贵。那也就形成了一个逻辑程序：行为上的“敬”“让”，构成个人之“礼”，然后达成人间之“和”。

揭示了结论，我还要作一个重要补充：君子有了礼，才会有风度，才会有魅力，才会美。正是谦恭辞让之礼，使君子神采无限。这是中华民族理想人格的最佳标识，也是东方人文美学的最佳归结。现代很多人在这一点上误会了，以为人格魅力在于寸步不让，在于锐目紧逼，在于气势凌人。其实，正好相反。

为此，我很赞赏荀子把“礼”和“美”连在一起的做法。他在《礼论》里为“礼”下了一个定义，说是“达爱敬之文而滋成行义之美者也”。这个定义告诉我们，在设计礼的时候，不管是个人之礼还是集体礼仪，都必须文，必须美。

再谦恭，再辞让，如果以拉拉扯扯、推推搡搡、大呼小叫、卑躬屈膝、装腔作势的方式呈现出来，也不是我们所要的礼。君子之礼，与美同在。

知人论世

节选自余秋雨《君子之道》。

余秋雨（1946—　），浙江余姚人，当代著名散文家、文化学者、艺术理论家、文化史学家，著有《文化苦旅》《何谓文化》《中国文脉》《山河之书》《霜冷长河》等。近十年来，他凭借对宏大资源的考察和研究，投入对中国文脉、中国美学、中国人格的系统著述。联合国教科文组织、北京大学、《中华英才》杂志等机构一再为他颁奖，表彰他“把深入研究、亲临考察、有效传播三方面合于一体”，是“文采、学问、哲思、演讲皆臻高位的当代巨匠”。

阅读鉴赏

中国人总是追求做“正人君子”。“君子”是中国人最独特的文化标识，做个君子，也就是做个最合格、最理想的中国人。余秋雨认为中国文化的延续，是君子人格的延续；中国文化的刚健，是君子人格的刚健；中国文化的缺憾，是君子人格的缺憾；中国文化的更新，是君子人格的更新。余秋雨总结君子之道，有这样九项：君子怀德，君子之德风，君子成人之美，君子周而不比，君子坦荡荡，君子中庸，君子有礼，君子不器，君子知耻。

本文节选部分先阐述君子的思想品德形成于礼仪。精神需要赋形，人格需要可感，君子需要姿态。历代君子没有不讲究礼仪的。中国人的日常礼仪中什么最常见、最重要呢？一是“敬”，二是“让”。一个君子如果对偶然相遇的陌生人也表示出尊敬，那么这种尊敬也就独具价值。君子有了礼才会有风度，才会有魅力，才会美，正是谦恭辞让之礼，使君子风度翩翩，这是中华民族理想人格的最佳标识，也是东方人文美学的最佳归结。

思考寄语

余秋雨通过对君子有礼的探讨，表达了对君子人格理想化的追求，以及对传统文化的尊重。这也给我们提出要求：要做一个谦谦君子，要懂礼，要尊重，要谦让。君子温润如玉，为人做事要坦荡正直，以礼待人。

10 礼仪非儿戏

诵读主体

礼仪文化是中国传统文化的重要组成部分。美国学者赫伯特·芬格莱特将中国称为"一个如神圣礼仪般存在的人类社群"。年复年，日复日，礼仪生活交织着种种敬意与温情，在我们这个和谐大邦世代传承。

《管子·牧民》："上服度则六亲固，四维张则君令行。"其中，"四维"指的是礼、义、廉、耻。"四维"是国家运行的重要支柱，礼绝则国倾，义绝则国危，廉绝则国覆，耻绝则国灭。国家顺应礼制法度才能使父母兄弟妻子各得其所，社会关系方能稳固。抛弃"礼"，社会发展将会失去平衡。

目前来看，餐饮礼仪、社交礼仪、家礼、开笔礼、成人礼、婚礼等得到越来越多的重视，尤其是婚礼中西合璧、花样繁多。然而，遗憾的是我国并没有一部现行的官修礼仪文本，如《汉仪》《大唐开元礼》般去让人们参考或效仿，以至于很多礼仪活动失去了原有的含义，甚而成了表演、娱乐、哗众取宠的噱头。

婚礼，是人生中最重要的礼仪。《礼记》将之概括为"礼之本也"，"万世之始也"。它是各种礼的根本，夫妇合两姓之好，而后繁衍子嗣传宗接代以至于无穷，才为国家兴旺发达、长久存在创造了基础条件。古代国君在迎娶夫人的求婚词中会写道："请君之玉女，与寡人共有敝邑，事宗庙社稷。"希望您的女儿能够嫁给我，与我一道治理国家，祭祀宗庙社稷。除传宗接代以外，婚礼更多要表达的是夫妇一体、相扶相携、尊卑等同的含义。所以，婚礼仪式中"御布对席""合卺而饮""共牢而食"传递的都是这个意思。另外，古代婚礼中还有"拜见公婆"这一礼节，即新娘要在婚后的第二天向公公婆婆见礼，以表达内心的尊重。今天，这一仪式演变为夫妻共同向双方父母敬茶。无论形式如何变化，其基本精神是为了彰显中国的孝亲之道。由此可见，婚礼绝不是一个简单的形式，而是一场正视夫妻关系的启蒙教育。

然而，在现代社会中，如此神圣庄严的时刻竟被一些人视为儿戏，甚至演绎为一场闹剧。尤其表现在那些荒唐而野蛮的"闹婚"陋习方面，闹公婆、闹新郎、闹新娘，手段粗俗卑劣，甚至威胁到当事人生命安全。"无别无义，禽兽之道也。"（《礼记·郊特牲》）此等对社会有害无益的陋习，该收场了。

礼仪等同于文明。中国庞大的礼仪系统，是人类社会由野蛮迈向文明的一块历史丰碑。"经礼三百，曲礼三千"（《礼记·礼器》），每一种礼仪都暗含着人性所特有的道德和对生命的敬畏。自周代，开始设定天子之礼、诸侯之礼、卿相之礼，后来延伸出士人之礼。从孔子以仁释礼开始，经过汉、唐、宋、明、清等多个朝代，政府和官员几番做出"礼下庶人"的尝试，专门制定了"庶人之礼"供民间通用，但均未得到普及推广。其主要原因是存在严格的等级制度，遭到了贵族阶层的阻碍。具体而言，礼仪和礼制是门阀贵族彰显身份、炫耀门第、维护特权的工具，根据等级品阶的不同，他们所穿的服制、所用的器物、乘坐的车辇等各不相同，庶人用礼，损害到贵族阶层的威仪和利益。"礼为有知制，刑为无知设。"（《白虎通义》）甚至有些官员认为，庶人只可施用刑罚。所以，老百姓通用的大都是流传于民间、不完全符合礼制规范、适合于他们生活方式的

“礼俗”。“礼”不再是贵族阶层的特权和专属。普通百姓行“礼”不再受到诸多限制，只要有此意愿，皆可以“礼”修身。可以说，“礼”具备了普遍应用的条件，充分说明中国社会的文明程度前进了一大步。在这种情况下，将“礼俗”进行引导和提升，正是时代给予我们的良好契机。

知人论世

本文转载于《光明日报》，有删改。

阅读鉴赏

泱泱大国，礼仪之邦。中国的礼仪系统，是人类社会由野蛮迈向文明的一块历史丰碑，礼仪文化是中华传统文化的重要组成部分。文章开篇讲述了礼在国家和社会发展中的作用，以及在现实生活中礼仪的种类。文章重点分析了婚礼礼仪，它是各种礼仪的根本，夫妇合两性之好，而后繁衍子嗣传宗接代以至于无穷，为国家兴旺发达、长久存在创造了基础条件。婚礼上的各种礼仪彰显中国的孝亲之道。由此可见，婚礼绝不是一个简单的形式，而是一场正视夫妻关系的启蒙教育。但现在有些地方兴起的婚闹却与婚礼礼仪背道而驰，让婚礼变得野蛮而庸俗，所以将“礼俗”进行正确的引导和提升，正是时代给予我们的良好契机。

思考寄语

礼仪文化永不过时，现在强调中学生要践行“八礼四仪”。“八礼”是指“仪表之礼”“仪式之礼”“言谈之礼”“待人之礼”“行走之礼”“观赏之礼”“游览之礼”“餐饮之礼”；“四仪”指入学仪式（7岁）、成长仪式（10岁）、青春仪式

（14岁）、成人仪式（18岁）。这是学生的行为准则，也体现了学生文明礼仪的素养。希望大家都行动起来，做文明守礼的中国人。

11 孔子的洒脱（节选）

诵读主体

我喜欢读闲书，即使是正经书，也不妨当闲书读。譬如说《论语》，林语堂把它当作孔子的闲谈读，读出了许多幽默，这种读法就很对我的胃口。近来我也闲翻这部圣人之言，发现孔子乃是一个相当洒脱的人。

在我的印象中，儒家文化一重事功，二重人伦，是一种很入世的文化。然而，作为儒家始祖的孔子，其实对于功利的态度颇为淡泊，对于伦理的态度又颇为灵活。这两个方面，可以用两句话来代表，便是“君子不器”和“君子不仁”。

孔子是一个读书人。一般读书人寒窗苦读，心中都悬着一个目标，就是有朝一日成器，即成为某方面的专家，好在社会上混一个稳定的职业。说一个人不成器，就等于是说他没出息，这是很忌讳的。孔子却坦然说，一个真正的人本来就是不成器的。也确实有人讥他博学而无所专长，他听了自嘲说：“那么我就以赶马车为专长吧。”

其实，孔子对于读书有他自己的看法。他主张读书要从兴趣出发，不赞成为求知而求知的纯学术态度（“知之者不如好之者，好之者不如乐之者”）。他还主张读书是为了完善自己，鄙夷那种沽名钓誉的庸俗文人（“古之学者为己，今之学者为人”）。他一再强调，一个人重要的是要有真才实学，而无须在乎外在的名声和遭遇，类似于

“不患莫己知，求为可知也”这样的话，《论语》中至少重复了四次。

“君子不器”这句话不仅说出了孔子的治学观，也说出了他的人生观。有一回，孔子和他的四个学生聊天，让他们谈谈自己的志向。其中三人分别表示想做军事家、经济家和外交家，唯有曾点说，他的理想是暮春三月，轻装出发，约了若干大小朋友，到河里游泳，在林下乘凉，一路唱歌回来。孔子听罢，喟然叹曰：“我和曾点想的一样。”圣人的这一叹，活泼泼地叹出了他的未染的性灵，使得两千年后一位最重性灵的文论家大受感动，竟改名“圣叹”，以志纪念。人生在世，何必成个什么器，做个什么家呢，只要活得悠闲自在，岂非胜似一切？

孔子实在是一个非常通情达理的人，他有常识，知分寸，丝毫没有偏执狂妄。“信”是他亲自规定的“仁”的内涵之一，然而他明明说：“言必信，行必果”，乃是僵化小人的行径（“硁硁然小人哉”）。其要害是那两个“必”字，毫无变通的余地，把这位老先生惹火了。他还反对遇事过分谨慎。我们常说“三思而后行”，这句话也出自《论语》，只是孔子并不赞成，他说再思就可以了。

也许孔子还有不洒脱的地方，我举的只是一面。有这一面毕竟是令人高兴的。

知人论世

周国平，中国当代著名学者、作家、哲学研究者，是中国研究哲学家尼采的著名学者之一。

著作有《尼采：在世纪的转折点上》《尼采与形而上学》，散文集《守望的距离》《各自的朝圣路》《安静》《善良丰富高贵》，纪实作品《妞妞：一个父亲的札记》《岁月与性情——我的心灵自传》《偶尔远行》《宝贝，宝贝》，随感集《人与永恒》《风中的纸屑》《碎句与短章》，诗集《忧伤的情欲》，以及《人生哲思录》《周国平人文讲演录》等，译有《尼采美学文选》《尼采诗集》《偶像的黄昏》等。

阅读鉴赏

儒家文化重事功重人伦，是一种积极入世的文化。孔子在我们心目中也是仁者智者的形象。而本文说孔子洒脱，让我们对孔子有了新认识。

文章先指出孔子是一个相当洒脱的人，对于功利的态度颇为淡泊，对于伦理的态度颇为灵活，然后用“君子不器”和“君子不仁”来解释孔子的洒脱。作者对孔子的话“君子不器”进行解释，一个真正的人本来就是不成器的，一个人重要的是要有真才实学，而无须在乎外在的名声和遭遇。“人生在世，何必成个什么器，做个什么家呢，只要活得悠闲自在，岂非胜似一切？”可见，真正的君子都淡泊名利，不以成名成家为目标，而是追求内心的丰富、精神的完善。

思考寄语

读书不是因为名利，而是要讲究真才实学，无须在乎外在的名声和遭遇。要为完善自己而读书，孔子的洒脱也是值得现代在沉重学业压力下的我们学习的。这种洒脱可以使我们暂时放下心中的事，放松心情，享受生活。孔子之所以被称为圣人，可能就是因为他这种超出常人的思想境界，这种思想值得我们学习和传承下去。

12 孝心无价

诵读主体

我不喜欢一个苦孩求学的故事。家庭十分困难，父亲逝去，弟妹嗷嗷待哺，可他大学毕业后，还要坚持读研究生，母亲只有去卖血……我以为那是一个自私的学子。求学的路很漫长，一生一世的事业，何必太在意几年蹉跎？况且这时间的分分秒秒都苦涩无比，需用母亲的鲜血灌溉！一个连母亲都无法挚爱的人，还能指望他会爱谁？把自己的利益放在至高无上位置的人，怎能成为为人类献身的大师？我也不喜欢父母重病在床，断然离去的游子，无论你有多少理由。地球离了谁都照样转动，不必将个人的力量夸大到不可思议的程度。在一位老人行将就木的时候，将他对人世间最后的期冀斩断，以绝望之心在寂寞中远行，那是对生命的大不敬。

我相信每一个赤诚忠厚的孩子，都曾在心底向父母许下“孝”的宏愿，相信来日方长，相信水到渠成，相信自己必有功成名就衣锦还乡的那一天，可以从容尽孝。

可惜人们忘了，忘了时间的残酷，忘了人生的短暂，忘了世上有永远无法报答的恩情，忘了生命本身有不堪一击的脆弱。

父母走了，带着对我们深深的挂念。父母走了，遗留给我们永无偿还的心情。你就永远无以言孝。

有一些事情，当我们年轻的时候，无法懂得。当我们懂得的时候，已不再年轻。世上有些东西可以弥补，有些东西永远无法弥补。

“孝”是稍纵即逝的眷恋，“孝”是无法重现的幸福。“孝”是一失足成千古恨的往事，“孝”是生命与生命交接处的链条，一旦断裂，永无连接。

赶快为你的父母尽一份孝心。也许是一处豪宅，也许是一片砖瓦。也许是大洋彼岸的一只鸿雁，也许是近在咫尺的一个口信。也许是一顶纯黑的博士帽，也许是作业簿上的一个红五分。也许是一桌山珍海味，也许是一只野果一朵小花。也许是花团锦簇的盛世华衣，也许是一双洁净的旧鞋。也许是数以万计的金钱，也许只是含着体温的一枚硬币……

天下的儿女们，一定要抓紧啊！趁你父母健在的光阴。

知人论世

节选自著名作家毕淑敏的散文集。

毕淑敏，国家一级作家，出生于1952年，1969年入伍，在喜马拉雅山、冈底斯山、喀喇昆仑山交会的西藏阿里高原部队当兵11年。历任卫生员、助理军医、军医等，从事医学工作20年后，开始专业写作，1989年加入中国作家协会。

其著有长篇小说《红处方》《血玲珑》《拯救乳房》《女心理师》《鲜花手术》等。

阅读鉴赏

《孝心无价》是著名作家毕淑敏的一篇散文作品。作者在文章开始举了两个关于“孝”的例子，一种是求学的苦孩子，一种是离家的游子，作者并不认可他们的“孝”，由此引发出行孝这一平常而又深刻的话题。作者相信天下每一个赤诚忠厚的孩子，都曾在心底向父母许下“孝”的宏愿，但作者更向我们揭示了一个残酷的现实——时间的流逝，将会带走行孝的机会。因为人生是短暂的，父母可能在我们想行孝之时已离开人世。“树欲静而风不止，子欲养而亲不待”，文章最后强烈呼吁，赶快为自己的父母尽一份孝心。孝敬父母不在明日，就在今天。

本文语言质朴，感情真挚，将抒情和议论融为一体。

陪伴是最长情的告白。陪伴父母是一种孝顺，无微不至的照顾是一种孝顺，保证父母物质丰富是一种孝顺。不管选择什么方式孝顺，我们都要立刻行动起来。我们不要认为孝顺父母是来日方长的事，不要让孝成为遗憾。

13 伯牙善鼓琴

诵读主体

伯牙鼓琴，钟子期听之。方鼓琴而志在太山，钟子期曰："善哉乎鼓琴，巍巍乎若太山。"少选之间而志在流水，钟子期又曰："善哉乎鼓琴，汤汤乎若流水。"钟子期死，伯牙破琴绝弦，终身不复鼓琴，以为世无足复为鼓琴者。

知人论世

出自先秦佚名的《伯牙鼓琴》。

阅读鉴赏

译文：

伯牙弹琴，钟子期听他弹琴。伯牙在弹琴时心里想着高山，钟子期说："你弹得真好呀，就像那巍峨的泰山。"不一会儿，伯牙心里又想到流水，钟子期又说："你弹得真好呀，就像那奔腾不息的流水。"钟子期死了以后，伯牙摔琴断弦，终生不再弹琴，认为世上再没有值得他为之弹琴的人了。

本文讲述了一个千古流传的“高山流水遇知音”的故事，告诉我们知音难觅，要珍惜友情。伯牙想到什么、弹到什么，子期都能答出来。伯牙琴技出神入化，子期欣赏水平同样高超，只有子期能真正听懂伯牙琴里的故事和情感，并不是所有的人都能这样心心相通。真正的知音指的是能彼此了解、心心相印、心意相通的人。知音难得，知己难求。

思考寄语

这个凄美的故事让我们明白了什么是友情，人生得一知己足矣，知音可遇不可求。伯牙绝弦谢知音令人敬佩。在成长的雨季有朋友为我们撑伞，我们将不再害怕；在人生的低谷有朋友的鼓励，我们将不会放弃；在成长的漫漫长路上有朋友的陪伴，我们将不再孤单。当今社会，友谊是必不可少的，也是人与人交际的重要平台。朋友之间相处的秘诀便是要坦诚相待，互相尊重，互相理解。

14 菜根谭·应酬（节选）

诵读主体

①人之过误宜恕，而在己则不可恕；己之困辱宜忍，而在人则不可忍。

②“为鼠常留饭，怜蛾不点灯”，古人此等念头，是吾人一点生生之机。无此，便所谓土木形骸而已。

③我有功于人不可念，而过则不可不念；人有恩于我不可忘，而怨则不可不忘。

知人论世

《菜根谭》是明代一部语录体著作。著者洪应明，字自诚，号还初道人，籍贯不详。根据他的另一部作品《仙佛奇踪》，我们得知他早年热衷于仕途功名，晚年归隐山林，洗心礼佛。万历三十年（1602）前后曾居住在南京秦淮河一带，潜心著述。与袁黄、冯梦祯等人有所交往。

《菜根谭》的书名取自宋儒汪革语“人咬得菜根，则百事可做”，意思是说，一个人只要能够坚强地适应清贫的生活，不论做什么事情，都会有所成就。明人于孔兼在为《菜根谭》写的《题词》中，进一步阐述道：“‘谭’以菜根名，固自清苦历练中来，亦自栽培灌溉里得，其颠顿风波，备尝险阻可想矣。”又引用洪应明的话说：“天劳我以形，吾逸吾心以补之；天厄我以遇，吾亨吾道以通之。”于孔兼的解释，增加了这样一层含义，即一个人面对厄运，必须坚定自己的操守，奋发努力，辛勤培植与浇灌自己的理想。乾隆年间署名三山病夫通理的《重刊菜根谭序》则说：“凡种菜者，必要厚培其根，其味乃厚。”并引用古语“性定菜根香”，说明只有心性淡泊沉静的人，才能领会其中的旨意。

《菜根谭》成书于明万历年间，距今已有400多年的历史。在相当长的时间里，它并未受到足够的重视，清乾隆年间编纂的《四库全书》，连“存目”都未收入。但是近年来，一股《菜根谭》热风行于海内外，人们将其与《孙子兵法》《三国演义》等书一起视作中国传统文化的经典之作。

阅读鉴赏

译文：

①别人的过失和错误应该多加宽恕，而自己的过失和错误却不可以宽恕；自己受到屈辱应该尽量忍受，而别人受到屈辱就要设法替他们消解。

②“为了不让老鼠饿死，就经常留一点剩饭给它们吃；为了可怜飞蛾不被烧死，夜里只好不点灯火”，古人的这种慈悲心肠，就是我们人类繁衍不息的生机。假如人类没有这一点点相生不绝的生机，那么人就变成了一具没有灵魂的躯壳，如此，也不过和泥土树木相同而已。

③自己帮助了别人，不要常常挂在嘴上或记在心头，但是对不

起别人的地方却不可不经常反省；别人曾经对我有恩惠不可以轻易忘怀，别人做了对不起我的事情必须忘掉。

古人有训："严于律己，宽以待人。"所谓"严于律己"，就是严格约束自己，国有国法，家有家规，个人也有个人的"纪律"，这个"纪律"是对自己的高要求，做到自我批评和自我检讨。所谓"宽以待人"，则是面对各种误解和委屈而毫无怨恨之心，以德报怨而不计较；不过高要求别人，允许别人有缺点；给别人时间和空间，让他去改正自己的缺点。金无足赤，人无完人，不要抓住别人的缺点不放，不要囿于成见，而应该多一分包容。

慈悲心是指一个人对某物或某事怀有不忍之心。一个人有慈悲心，就是在做内在的修养。慈悲心，就是善良、宽容、仁慈的心。有了慈悲心，意味着我们能够以一种宽容、理解和善良的态度来面对所有的人和事物，意味着对他人的痛苦和困难给予同情和关怀，从而帮助他们减轻痛苦。

我们在人际关系中要学会感恩和豁达，在为人处世中要平衡自身的行为和他人对自己的行为，要懂得感恩、付出和尊重。

思考寄语

"己所不欲，勿施于人"，希望别人宽容自己，自己就应该宽容别人；不愿别人苛求自己，自己也就不应该苛求别人。学会将心比心，以责人之心责己，爱己之心爱人，就一定能豁达地宽容别人。

人有了慈悲之心，就会变得宽容。心宽一寸，病退一丈。宽容是一味良药，你在宽恕别人的同时，也就敞开了自己的心扉。此时，愤怒、怨恨和恐惧等情绪就会悄悄溜走，我们会更加努力地追求内心的平静和幸福，更加珍惜自己的生命。

感恩是社会上每个人都应该有的基本道德准则，是做人起码的修养，也是人之常情。懂得感恩，才会懂得回报，才会懂得付出，只要我们人人拥有一颗感恩的心，我们的校园、我们的社会将会更加美好和谐。学会感恩，要先学会知恩，理解父母的养育之恩、师长的教诲之恩、朋友的帮助之恩。

15 不受嗟来之食

诵读主体

黔敖为食于路，以待饿者而食之。有饿者，蒙袂辑屦，贸贸然而来。黔敖左奉食，右执饮，曰："嗟！来食！"扬其目而视之，曰："予惟不食嗟来之食，以至于斯也！"从而谢焉，终不食而死。

知人论世

《礼记》成书于汉代，为西汉礼学家戴圣所编。《礼记》是中国古代一部重要的典章制度选集，共20卷49篇，书中内容主要写先秦的礼制，体现了先秦儒家的哲学思想、教育思想、政治思想及美学思想，是研究先秦社会的重要资料。

《礼记》中《中庸》《大学》均突出"修身"的意义。"君子不可以不修身""知所以修身，则知所以治人""身不修，不可以齐其家"。"修身"作为社会性活动不仅是私人性的，还有利于意义的生成与实现。《礼记》较为完整地反映了先秦至两汉时期的社会政治文化背景和家庭结构状况，并且对家庭成员之间的关系和行为规范进行了详细的解读，形成了独具特色的家庭伦理规范，指导了当代伦理道德。中国当代许多大学从《礼记》中借用一些名言警句作为校训，如河南大学校训为"明德新民，止于至善"；厦门大学校训为"自强不息，止于至善"；东南大学校训为"止于至善"等。这些校训不仅影响着大学办学理念和价值取向，还影响着当代文化教育和德行教养。

阅读鉴赏

译文：

黔敖在路边准备好饭食，以供路过饥饿的人来吃。有个饥饿的人用衣袖蒙着脸，无力地拖着脚步，踉踉跄跄地走来。黔敖左手端着饭菜，右手端着汤，说道："喂！来吃吧！"那个饥民扬眉抬眼看着他，说："我就是不愿吃嗟来之食，才落到这个地步的！"黔敖跟在后面表示歉意，但是这个人始终不肯吃，便活活饿死了。

"富贵不能淫，贫贱不能移"，做人要有骨气，面对傲慢者的"嗟来之食"，哪怕是饿死，也要像那位有骨气的饥民一样学会拒绝，绝不能低三下四地接受施舍。一个人的气节往往比生命还重要，宁可死于义而不可死于困厄。

思考寄语

在日常生活中，我们不管遇到什么样的困境，都不要屈服于各种压力和诱惑，不要被别人的看法或行为所左右，克制自己各种各样的贪欲，始终保持自尊自爱的品性。人的尊严是可贵的，不是任由他人践踏的。如果为了满足自己的需求而出卖尊严，这样的行为是不可取的。

16 示儿

诵读主体

死去元知万事空，但悲不见九州同。
王师北定中原日，家祭无忘告乃翁。

知人论世

陆游（1125—1210），宋代爱国诗人、词人，字务观，号放翁，越州山阴（今浙江绍兴）人。陆游生逢北宋灭亡之际，少年时深受家庭爱国思想的熏陶。宋高宗时，参加礼部考试，受宰臣秦桧排斥而仕途不畅。宋孝宗即位后，赐进士出身，曾任镇江、隆兴通判等。因坚持抗金，屡遭主和派排斥。主持编修孝宗、光宗《两朝实录》和《三朝史》。陆游一生笔耕不辍，诗词文皆具很高成就。其诗语言平易晓畅、章法整饬谨严，兼具李白的雄奇奔放与杜甫的沉郁悲凉，因饱含爱国激情而对后世影响深远。其词与散文成就亦高，宋人刘克庄谓其词"激昂慷慨者，稼轩不能过"，有《剑南诗稿》《渭南文集》《南唐书》《老学庵笔记》《放翁词》《渭南词》等。其书法遒劲奔放，存世墨迹有《苦寒帖》等。

阅读鉴赏

陆游是著名的爱国诗人，《示儿》是他的绝笔诗。他在弥留之际，仍然念念不忘失去的领土和人民，热切地盼望北伐中原，重新统一祖国，这首诗就是他临终之际留给他儿子的遗言。

首句"死去元知万事空"。"元知"，本来就知道；"万事空"，是说人死后万事万物都可无牵无挂了。但接着第二句意思一转，"但悲不见九州同"，唯独一件事却放不下，那就是沦丧的国土尚未收复，没有亲眼看见祖国的统一。第三句"王师北定中原日"，表明诗人虽然沉痛，但并未绝望，他坚信总有一天宋朝的军队必定能平定中原，收复失地。有了这一句，诗的情调便由悲痛转化为激昂。结句"家祭无忘告乃翁"，情绪又一转，无奈自己活着的时候已看不到祖国统一的那一天，只好把希望寄托于后代子孙，于是深情地嘱咐儿子，在家祭时千万别忘记把"北定中原"的喜讯告诉他。

这首诗的语言不事雕琢，直抒胸臆。诗人表达的是他一生的心愿，倾注的是他满腔的悲愤。诗中蕴含和积蓄的情感是极其深厚、强烈的，但语言极其朴素、平淡，从而得到真切的、动人的艺术效果。

思考寄语

贺贻孙曾评价这首诗"率意直书，悲壮沉痛……可泣鬼神"。虽然时间已经过去七八百年，但诗中所表现的爱国热忱仍然催人泪下、发人深省。这首诗里"但悲不见九州同"的哀音，对祖国统一仍然是一个有力的呼唤。

17 杨香扼虎救父

诵读主体

杨香，年十四，随父丰往田中获粟。父为虎曳去。时香手无寸铁，惟知有父，而不知有身。踊跃向前，持虎颈，虎磨牙而逝。父因得免于害。

知人论世

杨香，晋朝人，顺阳（今河南淅川县东南）人，杨丰之女。她很小的时候，母亲去世，父亲含辛茹苦，把她拉扯成人。杨香是在苦难中长大的，心眼好，懂事早。她知道父亲抚养自己不容易，吃了很多苦头。因此，她对父亲非常孝顺，可以说是关心备至，体贴入微。

阅读鉴赏

译文：

晋朝人杨香14岁的时候随父亲杨丰到田间收稻谷。父亲被忽然跑来的一只猛虎扑倒叼走。杨香当时手无寸铁，但她只想救父亲，而全然不顾自己的安危，猛扑到老虎跟前，卡住猛虎的脖子不放。猛虎竟颓然地放下杨父跑掉了。父亲最终保住了性命。

这是《二十四孝》中的一个故事。杨香，是晋代的山东人，杨丰的女儿。14岁弱女为救父赤手空拳，竟敢不惧虎牙的锋利、虎爪的凶猛、虎口的难逃，最终救下父亲，逼走老虎，真是令无数人敬佩。所谓："虎衔父去真危急，女与虎斗不顾身，顷刻之间能解脱，奇闻奇事最惊人。"此故事再次表明，孝行不分男女，不分长幼；至孝所转换成的胆量、力量是巨大的，甚至是不可想象的。

思考寄语

爱的力量是伟大的，亘古如斯，在越来越发达的现代文明社会和遥远的将来亦会如此。父母对子女的爱为舐犊之情，子女对父母的爱以道德的形式体现便是孝。“百善孝为先”，孝顺父母是中华民族的传统美德。今天大多数青少年都是独生子女，长辈往往对孩子溺爱，导致孩子自我意识增强，部分青少年以自我为中心，不懂感恩。我们要提倡孝顺，要感恩父母。

18 绝　句

诵读主体

礼仪三百复三千，酬酢天机理必然。
寒即加衣饥即食，孰为末节孰为先。

知人论世

吕希哲（1039—1116），北宋教育家、官员，字原明，学者称其为“荥阳先生”。吕希哲年少时跟从焦千之、孙复、石介、胡瑗学习，又和程颢、程颐、张载交游，见闻从此更广。徽宗初年，被召为秘书少监，有人认为任职太高，改为光禄少卿。吕希哲竭力请求出朝任官，以直秘阁身份担任曹州知州。不久遭遇崇宁党祸，被夺去直秘阁职务改任相州知州，后又改任邢州，最后被罢为宫祠。旅居在淮河、泗水之间，十多年后去世。吕希哲平易近人、简朴节俭，有极好的品行，晚年名声更高，远近的人都像尊重老师一样尊重他。主张为学“不主一门，不私一说”，遂成为吕氏家学的基本特征。著有《吕氏杂记》。

阅读鉴赏

译文：

礼仪三百，拓展至三千，礼尚往来顺应上天的安排。寒冷了就加衣服，饥饿了就吃饭，孰轻孰重大家自有判断。

这首诗以简练的文字表达了复杂的思想和哲学观点。诗中提到“礼仪三百复三千”，意味着礼仪规范是烦琐而复杂的，但它们是人与人交往的基础。“酬酢天机理必然”指的是应对天命安排的必然结果，暗示人们的行为必定会在某种程度上受到自然规律和命运的影响。作者通过对礼仪、天命和个人行为的思考，探讨了人生的价值观和生活态度。诗中提到的加衣保暖和进食充饥的例子，使得抽象的哲学观点更加具体、贴近生活。作者最后通过提问的方式，引发了读者对人生选择和价值判断的反思，思考在人生的各个阶段和环境中，我们如何判断何时应当退让，何时应当坚守原则。整首诗简洁、明确，意境清新，给人以启发和思索。

思考寄语

《荀子·修身》中曾说：“人无礼则不生，事无礼则不成，国家无礼则不宁。”为维系社会正常发展，文明礼仪是人们共同遵守的最起码的道德规范。无论是在寒冷时多穿衣服，还是在饥饿时吃饭，这些都是人们生活中的基本需求，而礼仪和个人行为则是人们生活中更为重要的一部分。

19 木　瓜

诵读主体

投我以木瓜[①]，报之以琼琚[②]。匪[③]报也，永以为好也！
投我以木桃[④]，报之以琼瑶。匪报也，永以为好也！
投我以木李[⑤]，报之以琼玖。匪报也，永以为好也！

注释

①木瓜：一种落叶灌木（或小乔木），蔷薇科，果实长椭圆形，色黄而香，蒸煮或蜜渍后供食用。古代有用瓜果之类作为男女定情信物的风俗。

②琼琚：美玉，下“琼瑶”“琼玖”同。

③匪：同“非”。

④木桃：果名，比木瓜小。

⑤木李：果名，又名木梨。与木瓜相似，比木瓜大，色黄。

知人论世

这首诗选自《诗经·卫风》。

《诗经》是中国最早的一部诗歌总集，共305首，故又称“诗三百”。《诗经》的作者佚名，绝大部分已经无法考证，传为尹吉甫采集、孔子编订，西汉时被尊为儒家经典，始称《诗经》，并沿用至今。

《诗经》在内容上分为《风》《雅》《颂》三个部分。《风》是周代各地的歌谣；《雅》是周人的正声雅乐，又分《小雅》和《大雅》；《颂》是周代王庭和贵族宗庙祭祀的乐歌，又分为《周颂》《鲁颂》《商颂》。《诗经》立足于社会现实生活，开创了诗歌现实主义风格之河，对后世的影响极其深远。

阅读鉴赏

译文：

你将木瓜投赠我，我拿琼琚作回报。不是为了答谢你，是求永相好哇！

你将木桃投赠我，我拿琼瑶作回报。不是为了答谢你，是求永相好哇！

你将木李投赠我，我拿琼玖作回报。不是为了答谢你，是求永相好哇！

《木瓜》是名诗，被传诵至今，主题很清晰，表达了中国人自古以来礼尚往来、重情重义不重物、相互珍惜的真挚情谊。不单指男女之间相互赠答，朋友之间、商人之间、君子之间，延至五伦（君臣、父子、兄弟、朋友、夫妻）无有不妥，更有价值。

朱熹在《诗集传》中阐明“言人有赠我以微物，我当报之以重宝，而犹未足以为报也。但欲其长以为好而忘耳”，点明了此诗的主旨，更加透彻地说明了中国人民绝不是一个重功利、轻道义，重金钱、轻感情的民族。民间也有“滴水之恩，当涌泉相报”之说，更说明中国人相互交往，不是为了交易而交易，而是为了长相好、长相交。

这点从此诗字面就可以看出，木瓜、木桃、木李皆为水果，而琼琚、琼瑶、琼玖皆为美玉，很明显后者的价值远远高于前者，但从“匪报也”可知，回赠之人并不在乎美玉的世俗价值，只在乎这份相互珍惜的情意。

此诗在形式上以木瓜和琼琚等比兴，重章叠句，回环往复，每章后两句完全相同，前两句仅一字之差，不全用四句，有跌宕起伏之美，特别适合拿来歌之咏之。在遣词造句上也十分讲究，每章后两句各两个“也”，前一个陈述加重肯定，后一个意味浓厚，不仅再次肯定，更突出一种愿望，一种对未来的憧憬。分寸拿捏得恰到好处，足见其感情真挚、功底扎实。

思考寄语

中国人最注重投桃报李，礼尚往来。从文化传承的角度来看，《木瓜》这首诗所蕴含的民族传统和人情味对于我们今天的社会仍然具有重要意义。在现代社会中，人与人之间的交往越来越复杂，但友谊、赠予和珍视依然是人际交往中不可或缺的部分。因此，这首诗的主旨对于我们今天的社会仍然具有重要的现实意义。

20 孔融让梨

诵读主体

《续汉书》曰："孔融，字文举，鲁国人，孔子二十世孙也。高祖父尚，钜鹿太守。父宙，泰山都尉。"《融别传》曰："融四岁，与兄食梨，辄引小者。人问其故。答曰：'小儿，法当取小者。'"

知人论世

本篇节选自《世说新语笺疏》。

《世说新语笺疏》，作者余嘉锡，内容极为广泛，但重点不在训解文字，而主要注重考案史实。对世说原作和刘孝标注所说的人物事迹，一一寻检史籍，考核异同；对原书不备的，略为增补，以广异闻；对事乖情理的，则有所评论，以明是非。全书对所论述的多种古籍，从内容、版本，到作者生平，都进行了翔实的考证。

孔融（153—208），字文举，鲁国鲁县（今山东曲阜）人，东汉文学家，"建安七子"之一。家学渊源，是孔子的二十世孙，泰山都尉孔宙之子。

阅读鉴赏

译文：

《续汉书》记载："孔融，字文举，东汉时期山东曲阜人，是孔子的第二十世孙，高祖父孔尚当过钜鹿太守。父亲是泰山都尉孔宙。"《融别传》记载："孔融四岁的时候，和哥哥吃梨，总是拿小的吃。有人问他为什么要这么做。他回答说：'小孩子食量小，按道理应该拿小的。'"

这个故事告诉我们要向孔融学习，从小养成尊老爱幼的习惯。凡事都应该懂得遵守公序良俗，懂得谦让和尊重他人。要互相忍让，不要只想着自己，不考虑别人。

思考寄语

道德常识是每个人都应该掌握的基本知识，将其融入日常生活和学习中，对个人的成长和社会的和谐发展具有重要意义。我们应该重视道德教育，从小培养孩子们的道德观念和行为习惯。通过学习传统文化中的道德故事，我们可以更好地理解人与人之间的关系，学会尊重他人、关爱他人，形成良好的道德品质。十年树木，百年树人，将德育融入日常生活中，学会尊重他人、关爱他人，这样才能与他人和谐相处，共同进步。这种美德在我们的生活中有着重要的意义，能够帮助我们建立良好的人际关系，提高自己的道德品质。

业道酬精
志存高远

1 差 别

诵读主体

两个同龄的年轻人同时受雇于一家店铺，并且拿同样的薪水。

可是一段时间后，叫阿诺德的那个小伙子青云直上，而那个叫布鲁诺的小伙子却仍在原地踏步。布鲁诺很不满意老板的不公正待遇。终于有一天他到老板那儿发牢骚了。老板一边耐心地听着他的抱怨，一边在心里盘算着怎样向他解释清楚他和阿诺德之间的差别。

“布鲁诺先生，”老板开口说话了，“您现在到集市上去一下，看看今天早上有什么卖的。”

布鲁诺从集市上回来向老板汇报说，今早集市上只有一个农民拉了一车土豆在卖。

“有多少？”

布鲁诺赶快戴上帽子又跑到集上，然后回来告诉老板一共四十袋土豆。

“价格是多少？”

布鲁诺又第三次跑到集上问来了价格。

“好吧，”老板对他说，“现在请您坐到这把椅子上一句话也不要说，看看阿诺德怎么说。”

阿诺德很快就从集市上回来了。向老板汇报说到现在为止只有一个农民在卖土豆，一共四十口袋，价格是多少多少；土豆质量很不错，他带回来一个让老板看看。这个农民一个钟头以后还会弄来几箱西红柿，据他看价格非常公道。昨天他们铺子的西红柿卖得很快，库存已经不多了。他想这么便宜的西红柿，老板肯定会要进一些的，所以他不仅带回了一个西红柿做样品，而且把那个农民也带来了，他现在正在外面等回话呢。

此时老板转向了布鲁诺，说："现在您肯定知道为什么阿诺德的薪水比您高了吧！"

知人论世

这篇文章节选自张健鹏、胡足青主编的《故事时代》中的《差别》一文，《故事时代》是2006年1月1日当代世界出版社出版的图书。

《故事时代》通过一篇篇小故事，告诉读者一个个人生哲理。本文还被选入《普通话水平测试》中的作品朗读第2号，被许多人熟知。

阅读鉴赏

作者运用对比的手法，凸显了两个年轻人不同的性格特征和办事风格：布鲁诺机械执行任务，缺乏灵活性和主动性；阿诺德则全面考虑、积极主动，为店铺创造了更多的价值。

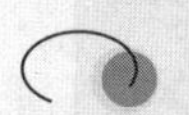

为什么会这样呢？两者最大的区别在于人生定位的不同。阿诺德志向远大，虽非经理，却以经理的视野和格局来审视问题，行事间充满积极与主动，其领导潜质与职业素养可见一斑。反观布鲁诺，他仅仅将自己定位于一个普通的伙计，只能被动地接受指令，完成本职工作，缺乏进取心和主动性。这个故事深刻揭示了职场中不同的工作态度和能力所带来的不同结果。

思考寄语

在现实生活中，不要总是抱怨，而应当多找找自己与别人的差距。只有认识到自己与别人的差距，才能真正地认识自己、提高自己。这启示我们，在职场中，不仅要完成任务，更要用心思考、勇于创新，不断提升自己的综合素质。只有这样，才能在激烈的竞争中脱颖而出，实现个人和企业的共同发展。

2 我的信念

诵读主体

生活对于任何人都非易事，我们必须有坚韧不拔的精神。最要紧的，还是我们自己要有信心。我们必须相信，我们对每一件事情都有天赋的才能，并且，无论付出何种代价，都要把这件事完成。当事情结束的时候，你要能问心无愧地说："我已经尽我所能了。"

有一年的春天，我因病被迫在家里休息数周。我注视着我的女儿们所养的蚕正在结茧，这使我很感兴趣。望着这些蚕执着地、勤奋地工作着，我感到我和它们非常相似。像它们一样，我总是耐心地把自己的努力集中在一个目标上。我之所以如此，或许是因为有某种力量在鞭策着我——正如蚕被鞭策着去结茧一般。

近五十年来，我致力于科学研究，而研究，就是对真理的探讨。我有许多美好快乐的记忆。少女时期，我在巴黎大学孤独地过着求学的岁月；在后来献身科学的整个时期，我丈夫和我专心致志，像在梦幻中一般，坐在简陋的书房里艰辛地研究，后来我们就在那里发现了镭。

我永远追求安静的工作和简单的家庭生活。为了实现这个理想，我竭力保持宁静的环境，以免受人事的干扰和盛名的拖累。

我深信，在科学方面我们有对事业而不是对财富的兴趣。我的唯一奢望是在一个自由国家中，以一个自由学者的身份从事研究工作。

我一直沉醉于世界的优美之中，我所热爱的科学也不断增加它崭新的远景。我认定科学本身就具有伟大的美。

知人论世

玛丽·居里（居里夫人）（1867—1934），法国物理学家、化学家、科学家。

1895年与皮埃尔·居里结婚。他们共同研究，先后发现了镭和钋两种天然放射性元素。1906年，皮埃尔·居里逝世后，她继续研究放射性，推动了原子核科学的发展。1903年，居里夫妇、贝克勒尔共获诺贝尔物理学奖，后1911年又获诺贝尔化学奖，从而成为科学史上一位富有传奇色彩的伟大科学家。她是巴黎大学的第一位女教授，是法国科学院的第一位女院士。居里夫人不贪图钱财和享受，只是为了科学的发展而奉献自己。1934年7月4日，因劳累并长期与镭接触，这位伟大的科学家与世长辞了，但她的精神永远激励着后人。

阅读鉴赏

居里夫人的《我的信念》是一篇充满智慧和人生哲理的自述，不仅展现了这位伟大科学家对科学事业的无限热爱和执着追求，更深刻地传达了她淡泊名利、坚韧不拔的人生态度。

她把自己的科学事业称为“纯粹研究”，是纯粹为了探讨真理而研究的，丝毫不存名利之想。镭的发现，本可以获得一笔巨大的财富，然而居里夫妇淡然处之，连申请专利的热情也没有。为了赢得时间，居里夫人家庭生活力求简单，甘愿清苦，尽量减少家务；为了赢得时间，她甘于寂寞，即使处于青春时代，也不图青春的欢乐，专心致力于求学。她致力于科学研究近50年，专心致志，勤奋工作，持之以恒，最终取得伟大成就。

《我的信念》不仅是居里夫人对自己一生的深情回顾，更是对我们每一个人的心灵启迪。本文告诉我们，无论面临怎样的艰难与挑战，只要我们怀揣坚定的信念与不懈的努力，就能实现自己的梦想，活出真实而精彩的自我。

思考寄语

居里夫人以自己的行动昭示我们，无论面临怎样的艰难与挑战，我们只有怀揣坚定的信念与不懈的努力，不为外界名利所惑，才能保持内心的宁静与纯净，全身心投入自己钟爱的事业之中，才能实现自己的梦想，活出真实而精彩的自我。

3 人生哪件事不苦

诵读主体

时间表面上是客观的，一天24小时，不增一秒，不减一秒。但它更像主观的，如许渊冲先生所说，不记住的时间，就不算是活。这就是说，一天可能是0小时，不存在；一天也可能是无限长，成为永恒。像许先生这样的创造者，他的一天，他的一生，通过他的作品，一直被人记住，他的生命就不会结束。

做自己喜欢的事，同时，这事也为人所喜欢。悦己悦人，这就是真正的活着。许渊冲先生喜欢的事，是翻译，尤其是将几乎不可译的中国古诗译成外文。所以，不能误解他说的喜欢。他喜欢的，不是许多人喜欢的偷懒、混日子、投机取巧，而是实实在在的、艰苦的创作。他说的喜欢，应理解为尽自己的责任。翻译家的责任是翻译，但翻译本身很辛苦，只有意识到它是自己的责任，这辛苦才会转化成喜欢。

责任感是真正的喜欢之源。不然的话，人生哪件事不苦？识字苦、学习苦、工作苦、养家苦……没有责任感，则事事逃避，天天偷懒。有了责任感，才会在人生的每一个阶段接受那些苦，驾驭那些苦，最后由苦生乐。责任感并非负担，而是最持久的快乐之源。

《意林》2021年合订本（2021年第13-18期）

知人论世

许渊冲（1921—2021），北京大学教授，翻译家。在国内外出版中、英、法文著译60本，包括《诗经》《楚辞》《李白诗选》《西厢记》《红与黑》《包法利夫人》《追忆似水年华》等中外名著。《西南联大求学日记》记录了其在西南联合大学求学期间的点滴生活。2010年获得“中国翻译文化终身成就奖”，2014年荣获国际翻译界最高奖项之一的“北极光”杰出文学翻译奖，系首位获此殊荣的亚洲翻译家。

阅读鉴赏

80余年的翻译生涯中，许老再难再苦再累也不觉得，反而很快乐。一辈子甘受寂寞，只与挚爱的翻译相伴，因为“做喜欢做的事，就是幸福”。许老坚持“形美、意美、音美”的翻译理念，即翻译出的诗词，要像原诗的格式韵律一样工整押韵，更要有原诗思想上的意境之美，许老说：“翻译是把一个国家创造的美转化为全世界的美。”他对传播中国文化的热情与赤诚令人动容，他把对翻译的“喜欢”嵌入了自己的生命。

思考寄语

人生之路，总是伴随着起起落落，哪一件事不是经过磨砺与努力才得以成就的？面对生活的苦，不要惧怕，更不要逃避。因为正是这些苦，塑造了我们的坚韧与毅力，让我们在人生的道路上越走越坚定。让我们守住内心的那份宁静，勇敢前行，相信在每一次的努力与坚持之后，都会迎来生活的甜。

择一事，终一生，不为繁华易匠心。

4 这就是奋斗的理由

诵读主体

天空不缺一颗星
大海不缺一滴水
森林不缺一棵树
单位不缺一个人
但是你的家族
缺少一个慷慨激昂的人
缺少一个让家人感到自豪的人
缺少一个在追梦路上持续奋进的人
十年前你是谁
五年前你是谁
甚至昨天你是谁，都不重要
重要的是，今天你想成为谁
人生很累
你现在不累，以后就会更累
人生很苦
你现在不苦，以后就会更苦
生命的意义在于奋斗
奋斗中有累、有苦、有乐、有甜
没人在乎你的坎坷
没人在乎你的消沉
更没人在乎你的寂寞
但每个人都会仰望你的辉煌
蓝天下不会因为一个人的眼泪而弥漫乌云
社会不会因为缺少一个人而失去活力

世界更不会因为缺少谁而失去光明
除了成长、成才、成功
拿什么证明你的存在
没有靠山，自己就建山
没有天下，自己打天下
没有资本，自己攒资本
不相信这世界有什么救世主
自身弱了，困难就强了
自身强了，阻碍就弱了
活着就该激情拼搏、创造精彩
生活给我压力，我还给你奇迹
努力的意义：
不要当父母需要依靠你时
除了痛苦，一无所有
不要当孩子需要你时
除了羞愧，一无所有
不要当自己回首往事
除了悔恨，一无所有
——这就是奋斗的理由

知人论世

作者曾军良，北京市中学物理特级教师，全国著名的中学教育教学管理专家、高考研究专家、中学物理教育专家、国际物理竞赛金牌教练，北京大学、北京师范大学、国家教育行政学院校长培训班特聘专家。曾获“开学第一讲（2011）最受欢迎校长奖”“中国教育之声论坛（大众评选）2012年度十佳卓越校长”称号。

阅读鉴赏

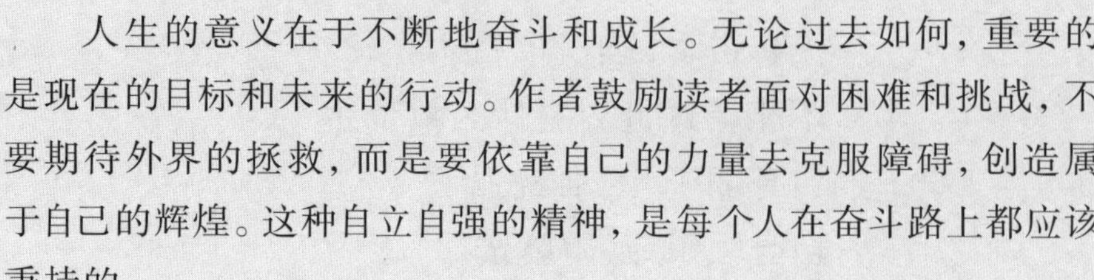

“天空不缺一颗星，大海不缺一滴水”，文章以这种辽阔的比喻开篇，凸显了个体在广阔世界中的渺小，紧接着强调，尽管世界之大，但个人家族和社会需要那些能够带来自豪和梦想追求的人。

人生的意义在于不断地奋斗和成长。无论过去如何，重要的是现在的目标和未来的行动。作者鼓励读者面对困难和挑战，不要期待外界的拯救，而是要依靠自己的力量去克服障碍，创造属于自己的辉煌。这种自立自强的精神，是每个人在奋斗路上都应该秉持的。

思考寄语

“天行健，君子以自强不息。”青春的花朵，要靠奋斗浇灌。“宝剑锋从磨砺出，梅花香自苦寒来。”我们的国家、我们的民族，从积贫积弱一步一步走到今天的发展繁荣，靠的就是一代又一代人的顽强拼搏，靠的就是中华民族自强不息的奋斗精神。

青年人是祖国的未来、民族的希望，“青年强则国强”。我们要勇敢肩负起时代赋予的重任，志存高远，脚踏实地，努力在实现中华民族伟大复兴的中国梦的生动实践中放飞青春梦想。

5 让工匠精神深入人心

诵读主体

习近平总书记曾经致信首届全国职业技能大赛，强调“大力弘扬劳模精神、劳动精神、工匠精神”“培养更多高技能人才和大国工匠”。在长期实践中，我们培育形成了“执着专注、精益求精、一丝不苟、追求卓越的工匠精神”。迈向新征程，扬帆再出发，急需一大批具有工匠精神的劳动者，亟待让工匠精神在全社会更加深入人心。

不论是传统制造业还是新兴制造业，不论是工业经济还是数字经济，工匠始终是中国制造业的重要力量，工匠精神始终是创新创业的重要精神源泉。中国制造、中国创造需要培养更多高技能人才和大国工匠，需要激励更多劳动者特别是青年人走技能成才、技能报国之路，更需要大力弘扬工匠精神，造就一支有理想守信念、懂技术会创新、敢担当讲奉献的庞大产业工人队伍，为经济社会发展注入充沛动力。

让工匠精神深入人心，就要创造更多“工匠故事”。做好电线电缆“守门员”的叶金龙、与马达结缘一辈子的吴玉泉、以精湛技能完美诠释“钳工”意义的赵水林……一批批国家级技能大师，坚守产业报国的初心，在平凡的岗位上成就了不平凡的业绩。深入贯彻尊重劳动、尊重知识、尊重人才、尊重创造方针，完善工匠政策，提升工匠地位，落实工匠待遇，才能为广大技能人才提供更广阔的舞台，推动更多工匠竞相涌现。

让工匠精神深入人心，还要进一步讲好“工匠故事”。工匠精神是在生产实践中凝聚而成的可贵品质，充分展现着劳动之美、精神之美、时代之美。讲好“工匠故事”，能让人们从大国工匠身上感受到劳动的光荣、精神的魅力。开展以弘扬工匠精神为主题的宣传教育，把崇尚工匠精神纳入人才培养全过程，贯通大中小学各学段和家庭、学校、社会各方面，才能让一个个“工匠故事”激励青少年乃至更多人追求卓越。

自2019年起，杭州将每年的9月26日设为“工匠日”，成为全国第一个为工匠设立专属节日的城市。设立“工匠日”，是为了激励工匠们创新创造，也是为了培厚工匠精神的土壤。无论是开展“杭州工匠”评选与表彰、打造劳模工匠文化公园与工匠元素特色街区，还是创立“杭工云课”等线上线下教学平台、建立健全“工匠带徒”制度，众多举措让工匠有荣誉感、成就感，让崇尚工匠精神成为一种新时尚。

时代发展需要大国工匠。站在实现“两个一百年”奋斗目标的历史交汇点上，全社会都要大力弘扬工匠精神，让崇尚工匠精神的理念深入人心，让每一位劳动者在新时代书写出更多更精彩更动人的“工匠故事”。

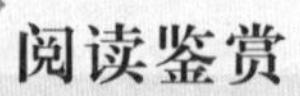

知人论世

2020年12月10日，习近平总书记致信祝贺首届全国职业技能大赛举办，强调“大力弘扬劳模精神、劳动精神、工匠精神”“培养更多高技能人才和大国工匠”。2020年12月25日，《人民日报》发表题为“让工匠精神深入人心”评论，本文为节选，有删改。

阅读鉴赏

文章以习近平总书记的致信为引子，深刻阐述了工匠精神在当代中国的重要性。

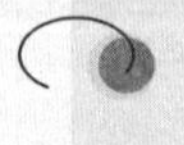

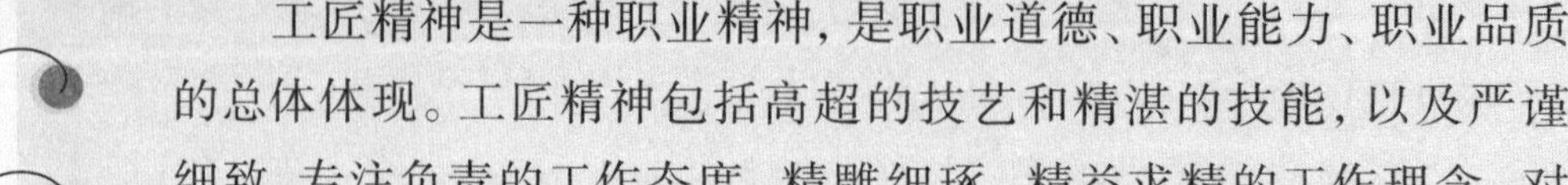

工匠精神是一种职业精神，是职业道德、职业能力、职业品质的总体体现。工匠精神包括高超的技艺和精湛的技能，以及严谨细致、专注负责的工作态度，精雕细琢、精益求精的工作理念，对

职业的认同感、责任感。工匠精神是社会文明进步的重要尺度，是中国制造前行的精神源泉，是企业竞争发展的品牌资本，是员工个人成长的道德指引。在迈向新征程的道路上，我们需要更多具备工匠精神的劳动者。

思考寄语

对于职业院校的青年学生来说，工匠精神更是必不可少的。若想为祖国的繁荣昌盛、制造业的蓬勃发展贡献自己的力量，在激烈的人才市场竞争中稳占一席之地，就必须将工匠精神融入自己的骨血中，使其成为精神世界的一部分，用这份精神为自己的人生之路铺设坚实的基石，为企业的发展添砖加瓦，为社会的进步贡献自己的力量，为国家的繁荣作出自己的贡献。

6 人生胜景只给善于独辟蹊径的人

诵读主体

一个小男孩跟着猎人到山中打猎。这里是动物经常出没的地方。猎人是个老猎手，很早的时候，他们就发现有熊、狍子、狐狸等动物在前面的空地上觅食，而且它们总是选择在中午。快晌午的时候，果然有几只白色的狐狸在视线中出现了。猎人没有急着去端枪，因为他知道，这时候并不是最佳的时机。到后来，狐狸们开始放松警惕，沿着谷地的边缘，一路小跑着奔向山谷的另一头。

猎人觉得是时候了，他端起枪，闷闷的两声枪响之后，狐狸们倏忽之间窜了出去。但跑着跑着，有两只狐狸的脚步慢了下来。猎人估计它们受伤了，朝它们逃跑的方向追了过去。猎人知道，只要过一会儿，这两只受伤的狐狸就会因为快速的奔跑而精疲力竭。猎人拼命地追着，然而意想不到的是，跑着跑着，其中的一只狐狸突然改变了方向，奔向了另一条路，另外一只顿了一下，便尾随着刚才的那一只跑了。

狐狸们拐上的是一条并不适宜奔跑的路，不但崎岖不平布满荆棘，而且有很多陷阱。猎人一边追，一边纳闷。然而领头的那只狐狸依旧义无反顾，后面的那只也紧紧尾随其后跑个不停。猎人知道，前面不远处就有几处陷阱。就在这时候，前面的那只狐狸已经跑到了那个位置。它并没有远远地躲开，而是奔着陷阱的方向而去。后面的狐狸似乎没有想许多，只是跟着它。就在快接近那个陷阱的时候，前面的狐狸突然一闪身，躲开了陷阱。而后面那只狐狸，由于躲闪不及时，掉进了已经铺设了许久的陷阱中。

猎人和小孩停在陷阱旁边，把在陷阱中因恐惧而发抖的猎物捕获上来。前面的狐狸跑出去很远之后，又回过头看了一眼。见后面再没有人追上来，才突然显出受伤的情形来，一瘸一拐地仓皇逃窜。

之后，猎人语重心长地对孩子说："孩子，看到了吧，今天那只逃跑的狐狸为我们上了生动的一课。前面的狐狸知道我们这样追赶下去的结果，因此它必须想出一个逃生的方法来。或许它知道，我们只要能够得到它们中的一只，就会放弃继续追下去的念头。这时候，和它一块的狐狸就成了竞争对手。到最后它不是要跑过我们，而是要'跑过'与它一起逃生的另一只狐狸。"

若干年之后，那个小孩成了一家知名企业的老板。他从当年打猎当中得到的人生体验或许更耐人寻味。他说，一个人在人生路上可能会跑掉鞋子，光着脚跑一程，这不可怕；可能会受了蒙蔽或欺骗，走了弯路，这也不可怕；无路可走的时候，可能会跟在别人的后面走上一程，这依旧不可怕；可怕的是，没有目标，一味盲目地跟在别人后边，找不到一条真正属于自己的路。而且因为心中无路，任何一点小小的困境，都可能成为弱者的绝境。

“人生的所有胜景，只会留给善于独辟蹊径的人。”他把这句话刻在了公司最醒目的位置上。

知人论世

独辟蹊径，意指自己开辟一条路，比喻独创一种新风格或者新方法。

阅读鉴赏

文章以一个小男孩与老猎手的狩猎经历为线索，展现了生活哲理与智慧。猎手通过捕猎狐狸的过程，深入浅出地揭示了人生的智慧——面对困境与竞争，只有善于独辟蹊径，才能找到真正属于自己的路，赢得人生的胜景。

有一次，丰子恺画一个人牵两只羊，画了两根绳子，有人就对他说：“绳子只要画一根，牵一只羊，后面的都会跟来。”后来，丰子恺留心观察，果然看见前面牵了一只羊走，后面数十只羊都会跟上，即便是走向屠宰场，也没有一只羊肯另觅生路。

羊虽如此，我们却要心中有“主”。我们心中的“主”从何而来？来源于我们自己独立的思考力、判断力和认知力。世间之事，往往成于心“主”，成于独立思考；精彩人生，要靠我们自立、自主去绘就。

思考寄语

巴金说：“我总是顺着自己的思路想问题，也只能顺着自己的思路想问题。那些填进去的东西总不会在我的脑子里起作用。因为我是人，不是鸭子。”每个人都有自己的思维方式，它如同一把独特的钥匙，能打开属于我们自己的智慧之门。在这个纷繁复杂的世界中，我们应当坚守自己的思考方式，敢于质疑，勇于探索，不断追寻真理与智慧的足迹。只有这样，我们才能真正成为自己的主人，活出真我，创造属于自己的精彩人生。

7 天下第一好事，还是读书

诵读主体

古今中外赞美读书的名人和文章不可胜数。张元济先生有一句简单朴素的话："天下第一好事，还是读书。""天下"而又"第一"，可见他对读书重要性的认识。

为什么读书是一件"好事"呢？

也许有人认为，这问题提得幼稚而又突兀。这就等于问"为什么人要吃饭"一样，因为没有人反对吃饭，也没有人说读书不是一件好事。

但是，我却认为，凡事都必须问一个"为什么"，事出都有因，不应当马马虎虎，等闲视之。现在就谈一谈我个人的认识，谈一谈读书为什么是一件好事。

凡是事情古老的，我们常总说"自从盘古开天地"。我现在还要从盘古开天地以前谈起，从人类脱离了动物界开始谈。人变成了人以后，就开始积累人的智慧，这种智慧如滚雪球，越滚越大、越积越多。禽兽就没有这种本领。人则不然，不但能随时增加智慧，而且根据我的观察，增加的速度越来越快，有如物体从高空下坠一般。到了今天，达到了知识爆炸的水平。最近一段时间以来，"克隆"使全世界的人都大吃一惊。有的人竟忧心忡忡，不知这种技术发展"伊于胡底"。

人类千百年以来保存智慧的手段不出两端：一是实物，比如长城等；二是书籍，以后者为主。在发明文字以前，保存智慧靠记忆；文字发明了以后，则使用书籍。把脑海里记忆的东西搬出来，搬到纸上，就形成了书籍，书籍是贮存人类代代相传的智慧的宝库。后一代的人必须读书，才能继承和发扬前人的智慧。人类之所以能够进步，永远不停地向前迈进，靠的就是能读书又能写书的本领。我常常想，人类向前发展，有如接力赛跑，第一代人跑第一棒，第二代人接过棒来，跑第二棒，及至第三棒、第四棒，永远跑下去，永无穷尽，这样智慧的传承也永无穷尽。这样的传承靠的主要就是书籍，书籍是事关人类智慧传承的大事，这样一来，读书不是"天下第一好事"又是什么呢？

但是，话又说了回来，中国历代都有"读书无用论"的说法。读书的知识分子，古代通称为"秀才"，常常成为取笑的对象，比如说什么"秀才造反，三年不成"，是取笑秀才的无能。这话不无道理。在古代——请注意，我说的是"在古代"，今天已经完全不同了——造反而成功者几乎都是不识字的痞子流氓，中国历史上两个马上皇帝、开国"英主"，刘邦和朱元璋，都属此类。诗人只有慨叹"可惜刘项不读书"。"秀才"最多也只有成为这一批地痞流氓的"帮忙"或者"帮闲"，帮不上的就只好慨叹"儒冠多误身"了。

但是，话还要再说回来，中国悠久的优秀的传统文化的传承者，是这一批地痞流氓，还是"秀才"？答案皎如天日。这一批"读书无用论"的现身"说法"者的"高祖""太祖"之类，除了镇压人民剥削人民之外，只给后代留下了什么陵之类，供今天搞旅游的人赚钱而已。他们对我们国家毫无贡献可言。

总而言之，"天下第一好事，还是读书"。

知人论世

季羡林（1911—2009），国际著名东方学大师、语言学家、文学家、国学家、佛学家、史学家、教育家和社会活动家。通英文、德文、梵文、巴利文，能阅俄文、法文，尤精于吐火罗文（当代世界上分布区域最广的印欧语系中的一种独立语言），是世界上仅有的精于此语言的几位学者之一。季羡林“梵学、佛学、吐火罗文研究并举，中国文学、比较文学、文艺理论研究齐飞”，其著作汇编成《季羡林文集》，共24卷。

阅读鉴赏

读书，不仅是获取知识的途径，更是提升自我、塑造灵魂的必经之路。在文章中，季先生强调了读书对个人成长和社会进步的巨大影响。他提到，通过读书，我们可以继承前人的智慧，开阔视野，提升自我修养。同时，读书也是社会文明进步的重要推动力量，促进了知识的传播和文化的传承。

季先生还驳斥了“读书无用论”的观点。他指出，尽管历史上曾有人鼓吹“读书无用论”，但事实证明，那些真正推动社会进步、传承优秀文化的，正是那些勤于读书、善于思考的人。那些所谓的“地痞流氓”，虽然可能一时得势，但他们对社会的贡献远远不能与读书人相比。

思考寄语

读书，永远不恨其晚。晚，比永远不读强。我们应该养成终身读书的好习惯，不断充实自己、提升自己。无论是为了个人的成长，还是社会的进步，读书都是一件不可或缺的好事。让我们在忙碌的生活中，不忘读书、勤于学习，让知识的力量引领我们走向更加美好的未来。

8 一只新钟

诵读主体

钟表铺里新组装了一只小钟，它被放在了两只旧钟当中。两只旧钟“嘀嗒”“嘀嗒”一分一秒地走着。其中一只旧钟对小钟说：“来吧，你也该工作了。可是我有点担心，你走完三千二百万次以后，恐怕便吃不消了。”

“天哪！三千二百万次。”小钟吃惊不已，“要摆这么多次？不行，我做不了，我会累死的。我办不到，办不到。”

另一只旧钟则安慰它说：“别听它的。不用担心，没那么恐怖的。其实你只要每秒嘀嗒一次，摆一下就行了。”

“真有这么简单？天下哪有这样简单的事情？”小钟将信将疑，“如果这样，我就试试吧。”

小钟很轻松地每秒钟“嘀嗒”摆一下，不知不觉中，一年过去了，它摆了三千二百万次。

知人论世

这是一个简单的小故事，却蕴含着深刻的道理。这则小故事中的三只钟代表了三种做事态度。其中一只旧钟十分倦怠、不自信，怀疑自己的能力，放弃努力，告诉小钟放弃吧；另一只旧钟十分自信，不断努力，激励小钟不必想一个月甚至一年之后的事，只要想着今天我要做些什么，明天我该做些什么，然后努力去完成；那只小钟，则处在这两者之间。

阅读鉴赏

“千里之行，始于足下”，我们就是那只小钟，有梦想，但又觉得它高不可攀，成功似乎远在天边遥不可及，倦怠和不自信让我们怀疑自己的能力，甚至放弃努力。事实上，我们只要专注于眼前的一步，每秒嘀嗒摆一下，然后想着今天我要做什么，明天我该做什么，再迈进一步，努力朝前走，一路向前，成功的喜悦就会慢慢向我们靠近，慢慢滋润我们的生命。

思考寄语

同学们，当我们面对大困难的时候，往往望而却步，殊不知只要根据实际，分期制定小目标，一一完成就行了。

9 驴子的故事

诵读主体

一头驴子不小心掉到一口枯井里，它哀哀地叫着，期待主人把它救出去。驴子的主人召集了数位亲邻出谋划策，大家确实想不出好的办法搭救驴子，反而认为驴子已经老了，死不足惜，况且这口枯井迟早也是要填上的。于是，人们拿起铲子，开始填井。当第一铲泥土落到枯井中时，驴子叫得更恐怖了——它显然明白了主人的意图。又一铲泥土落到枯井中，驴子出乎意料地安静了。人们发现，此后每一铲泥土打在它身上的时候，驴子都在做一件惊人的事情：它努力抖落背上的泥土，踩在脚下，把自己垫高一点儿。人们不断地把土往枯井里铲，驴子也就不停地抖落那些打在背上的泥土，使自己再升高一些。就这样，驴子在人们惊奇的目光中，潇潇洒洒地走出枯井。

知人论世

寓言是文学作品的一种体裁，常带有讽刺或劝诫的性质,通常是把深刻的道理和寓意寄予在简单的故事中，篇幅短小，语言简练。主人公可为人，也可为拟人化的生物或非生物。

我国古代的寓言起源于劳动人民的口头创作。早在春秋战国时代就已经盛行，《揠苗助长》《自相矛盾》《守株待兔》《刻舟求剑》等都出自先秦散文。外国著名的寓言作品有古希腊的《伊索寓言》和俄国的《克雷洛夫寓言》。

阅读鉴赏

寓言中的驴子，在它刚意识到自己将被无情活埋的时候，也曾恐惧失望，但它面临绝境，并没有将一开始的坏情绪延续放纵，相反，它选择及时收敛绝望的情绪，不坐以待毙，把每一铲泥土都踩在脚下，越垫越高，最终成功地走出枯井，化险为夷。因此，救驴于千钧一发的不是别人，而是它自己。

就如驴子的情况，在生命的旅程中，有时候我们难免会陷入“枯井”里，在生活中所遭遇的种种困难、挫折就是加注在我们身上的“泥沙”，想要从这些“枯井”脱困的秘诀就是：身处逆境而不被绝望情绪俘虏，不怨天尤人，不自暴自弃，换个角度看，这些“泥沙”也是一块块的垫脚石，只要我们锲而不舍地将它们抖落掉，然后站上去，那么即使掉落到最深的井，我们也能安然脱困。

思考寄语

一切都决定于我们自己。在学习、生活和未来的工作中，各种各样的困难和挫折，会如尘土一般落到我们的头上，不断地建立信心、希望和无条件的爱，这些都是帮助我们从生命中的“枯井”脱困并找到自己的工具，我们在人生历程中遇到的每一个困难、每一次失败，其实都是人生历程中的一块垫脚石。

10 邓亚萍的故事

诵读主体

童年的邓亚萍，立志做一名优秀的运动员。但是她个子矮，手脚粗短，根本不符合体校的要求，于是被关到了体校的门外。倔强的邓亚萍没有气馁，年幼的她跟父亲学起了乒乓球，她每天在练完体能课后，还要做100个发球接球的动作。那时邓亚萍只有七岁，但为了能使自己的球技更加熟练，基本功更加扎实，便在自己的腿上绑上了沙袋。腿肿了！手掌磨破了！——这是家常便饭！但她从不叫苦，不喊累！

据教练张燮林统计，邓亚萍每天训练很刻苦，每节训练课下来，汗水都湿透了她的衣服、鞋袜，有时甚至连地板也会浸湿一片，不得不换衣服、鞋袜，甚至换球台再练。长时间从事大运动量、高强度的训练，从颈到脚，邓亚萍身体很多部位都是伤病。为缓解腰肌劳损，她不得不系上宽宽的护腰，膝关节脂肪垫肿、踝关节几乎长满了骨刺，平时只好忍着，实在痛得厉害了就打一针封闭，脚底磨出了血泡，就挑破它再裹上一层纱布接着练。就算是伤口感染，挤出脓血也要接着练。皇天不负有心人，先天条件一般的邓亚萍，先后获得了150余枚国内外乒乓球比赛奖牌！

知人论世

邓亚萍，1973年2月6日生于河南省郑州市，原中国女子乒乓球队运动员、世界冠军、奥运冠军，乒乓球大满贯得主。邓亚萍5岁开始打乒乓球，1988年进入国家队。1989年，16岁的邓亚萍首次参加世乒赛，获得女双冠军。1992年巴塞罗那奥运会，邓亚萍作为中国队绝对主力，夺得女子单、双打两枚金牌。1996年亚特兰大奥运会，蝉联奥运女单、女双冠军，成为中国奥运历史上第一个夺得四枚金牌的运动员。由于常年征战，邓亚萍饱受伤病困扰，除腰伤严重外，脚上骨刺也影响脚步移动，1998年宣布退役。先后进入清华大学、剑桥大学学习英语。在14年运动生涯中，邓亚萍共拿到18个世界冠军，连续8年保持乒坛排名世界第一，是乒乓球史上排名“世界第一”时间最长的女运动员。

1997年，邓亚萍担任国际奥委会运动员委员会委员。

2001年，北京第二次申办奥运会，申奥陈述当天，邓亚萍以运动员代表身份出席并进行陈述，正式发言前，她的陈述稿修改了八九遍。在陈述中，邓亚萍通过自己参与悉尼奥运圣火传递的故事，展望奥运圣火来到北京，展望奥林匹克种子播种在中国孩子心中。最终，北京成功获得2008年奥运会举办权。

阅读鉴赏

邓亚萍的名字，在中国是一个传奇的代表。对乒乓球的热爱和执着让邓亚萍决心成为一名优秀的乒乓球运动员。在成名前，她经历了许多挫折和困难，要面对严格的训练、激烈的竞争和自身身体条件的不足，但是这些困难并没有打败邓亚萍，反而激发了她更强大的内心力量。她努力训练，在赛场上面对着来自世界各地的顶级对手，她总是能够保持冷静和专注，以坚定的信念和执着的精神投入比赛，以不懈的努力和坚韧不拔的精神成为乒乓球界的传奇人物，为中国的体育事业作出了巨大贡献。

社会各界对邓亚萍的评价摘录如下：

★身材娇小的邓亚萍，从小就有股不服输的劲头，而正是这股拼劲让她成为乒乓球运动中跨时代的现象级选手。（人民网评）

★邓亚萍那种不服输的劲头，代表了运动员的风貌，也完美地诠释了奥林匹克的运动精神。（国际奥委会主席萨马兰奇评）

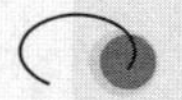

★她每天都比其他人多练45分钟。我帮她算过，一天正常训练5小时，每天她多练45分钟，相当于一年比别人多练40天。（邓亚萍教练张燮林评）

★雷厉风行的邓亚萍面对工作岗位的变换，总是充满自信，运筹帷幄。（CNTV评）

思考寄语

虽然我们自身会有很多的不足，这些不足也会阻挡着我们，但是真正阻挡我们的，是我们自己。只有拥有足够的毅力和决心，我们才能够战胜困难，实现自己的目标。

11 扛船赶路

诵读主体

一个寻求人生真谛的青年，千里跋涉来到一位老禅师面前。禅师见他随身带着一个巨大的包裹，便问他包裹里装了些什么。青年回答说："里面装的是我每次跌倒时的痛苦，每次受伤后的哭泣，每次孤寂时的烦恼……靠着这个包裹，我才能来到这里。"禅师点点头，带着青年坐船过了河。上岸后，禅师指着船说："扛上船，我们再赶路！""船太大太沉，我根本扛不动！"青年很诧异。"这就对了，你的确扛不动它。"禅师笑道，"船是用来过河的。过了河，我们就要舍船步行。不然，船就不再是船，是包袱。痛苦、寂寞、灾难、眼泪，这些能使生命得到升华，但须臾不忘，就成了人生的包袱。生命不可太负重，放下它吧。"青年顿悟，放下了那包裹着种种痛苦的包袱。

知人论世

这是一篇讲述人生哲理的小故事。哲理故事通常以生活中的事件、人物或寓言为载体，通过讲述故事来传达深邃的道理和人生智慧，通常具有寓意深刻、语言简练、情节紧凑的特点，以小见大，通过具体的事件或情境来揭示普遍的真理和智慧，给人以启示和感悟。

阅读鉴赏

这个故事中的青年背负着过去的痛苦和困扰，试图通过寻找人生的真谛来获得解脱。老禅师通过比喻让他明白，生命中的痛苦和困难是成长的催化剂，但如果过分执着这些经历，它们就会成为束缚青年前进的包袱。

这个故事告诉我们，人生中的痛苦和困难是不可避免的，它们是我们成长的必经之路，但同时我们也需要学会放下过去的痛苦和困扰，从而轻松地面对未来的挑战。

思考寄语

人生需要放下过去的包袱，让自己的心灵得到解脱；需要适度地负重，学会独立面对生活中的挑战，学会承担责任。只有这样，我们才能真正地成长和进步，真正地获得人生的真谛，实现自己的价值。

12 纪昌学射

诵读主体

甘蝇，古之善射者，彀弓而兽伏鸟下。弟子名飞卫，学射于甘蝇，而巧过其师。纪昌者，又学射于飞卫。飞卫曰："尔先学不瞬，而后可言射矣。"

纪昌归，偃卧其妻之机下，以目承牵挺。二年之后，虽锥末倒眦，而不瞬也。以告飞卫。飞卫曰："未也，必学视而后可。视小如大，视微如著，而后告我。"

昌以牦悬虱于牖，南面而望之。旬日之间，浸大也；三年之后，如车轮焉。以睹余物，皆丘山也。乃以燕角之弧、朔蓬之簳射之，贯虱之心，而悬不绝。以告飞卫。飞卫高蹈拊膺曰："汝得之矣！"

知人论世

节选自《列子·汤问》。

列子（约前450—前375），名御寇，道家学派著名的代表人物，著名的思想家、寓言家和文学家，是老子和庄子之间承前启后的一位道家思想代表人物。列子与其弟子著有《列子》，对后代的哲学、文学、科技、宗教都产生了深远的影响。那时，由于人们习惯在有学问的人姓氏后面加一个"子"字来表示尊敬，所以列御寇又被称为"列子"。列子一生安于贫寒，不求名利，不进官场，隐居郑国40年，潜心著述。《列子》属于早期黄老道家的一部经典著作，经后人搜罗整理加以补全，现存八篇《天瑞》《黄帝》《周穆王》《仲尼》《汤问》《力命》《杨朱》《说符》。其中，《愚公移山》《杞人忧天》《两小儿辩日》《纪昌学射》等脍炙人口的寓言故事，可谓家喻户晓，被广为流传。

阅读鉴赏

译文：

甘蝇是古代善于射箭的人，只要他一拉弓，肯定野兽趴倒鸟儿掉下。他的弟子名叫飞卫，拜师甘蝇学习射箭，后来超过了他的老师。一位名叫纪昌的人，又拜飞卫为师学习射箭。飞卫说："你先学不眨眼的本领，然后才可以谈得上学习射箭。"

纪昌回到家，仰卧在他妻子的织布机下面，眼睛紧盯着织布机的踏板。两年以后，就算是锥子尖抵到眼皮了，他也不会眨一下眼。他把这件事告知飞卫。飞卫说："还不行，必须学完看以后才行，练到看小的东西就好像看大东西，看极其微小的东西就好像看很显著的东西，然后再告诉我。"

纪昌用牦牛的毛绑着虱子挂在窗户上，面向南面望着它，十天之内，逐渐看得大了；三年之后，他看那虱子就像车轮一样大了。再用眼睛看别的东西，都像山丘一样了。于是用燕国的牛角做的弓、北方的蓬竹做竿的箭射那虱子，箭穿透了虱子的心脏，但是悬吊它的牛毛没有断。于是纪昌把这事告诉了飞卫。飞卫跳起来拍着胸脯说："你学成了啊！"

故事完整地叙写了纪昌学射的全过程，通过对纪昌这一人物形象的描写，告诉人们要学习一种技艺，必须进行长期的基本功训练，由浅入深，循序渐进，而且要专心致志，持之以恒，方能尽得其巧。故事的剪裁独具匠心，纪昌五年多的学射生涯，作者仅选取了两个细节，就使人物那谦恭的态度、顽强的毅力、刻苦的精神活脱而出，跃然纸上。在具体的描写过程中，作者把细节的描绘与高度的概括相结合，如写纪昌练习不眨眼，先写他"偃卧其妻之机下，以目承牵挺"，这个细节具体表现他练习的方法和过程，然后一语概括，"二年之后，虽锥末倒眦，而不瞬也"，强调他运用上面的方法坚持练习了两年之久，可见其毅力和精神。写学"视小如大"也用了同样的手法。这样写既形象生动，又干净利落，笔墨虽少，但表现力极强。

思考寄语

无论学习任何知识和技艺，都要从基本功入手，扎实的基本功是不断取得进步的基础，同时还必须有顽强的毅力，不怕苦、不怕累、不怕枯燥无味，由浅入深，循序渐进，打下扎实的基础，然后才会得到真正的提高。不费力气的“窍门”“捷径”是没有的。

13 黄生借书说

诵读主体

黄生允修借书。随园主人授以书，而告之曰：

“书非借不能读也。子不闻藏书者乎？七略、四库，天子之书，然天子读书者有几？汗牛塞屋，富贵家之书，然富贵人读书者有几？其他祖父积、子孙弃者无论焉。非独书为然，天下物皆然。非夫人之物而强假焉，必虑人逼取，而惴惴焉摩玩之不已，曰：‘今日存，明日去，吾不得而见之矣。’若业为吾所有，必高束焉，庋藏焉，曰‘姑俟异日观’云尔。”

余幼好书，家贫难致。有张氏藏书甚富。往借，不与，归而形诸梦。其切如是。故有所览辄省记。通籍后，俸去书来，落落大满，素蟫灰丝时蒙卷轴。然后叹借者之用心专，而少时之岁月为可惜也！

今黄生贫类予，其借书亦类予；惟予之公书与张氏之吝书若不相类。然则予固不幸而遇张乎，生固幸而遇予乎？知幸与不幸，则其读书也必专，而其归书也必速。

为一说，使与书俱。

知人论世

袁枚（1716—1798），字子才，号简斋，晚年自号仓山居士、随园主人、随园老人，钱塘（今浙江杭州）人，祖籍浙江慈溪。清朝乾嘉时期代表诗人、散文家、文学评论家和美食家。

袁枚倡导“性灵说”，主张诗文审美创作应该抒写性灵，要写出诗人的个性，表现其个人生活遭际中的真情实感，与赵翼、蒋士铨合称为“乾嘉三大家”，又与赵翼、张问陶并称“性灵派三大家”，为“清代骈文八大家”之一。文笔与大学士纪昀齐名，时称“南袁北纪”。主要著作有《小仓山房文集》《随园诗话》《随园诗话补遗》《随园食单》《子不语》《续子不语》等。散文代表作《祭妹文》，古文论者将其与唐代韩愈的《祭十二郎文》并提。

阅读鉴赏

译文：

年轻人黄允修来借书。我把书交给他并且告诉他说：

“书不是借来的就不能好好地去读。您没有听说过那些收藏书籍的人的事吗？《七略》《四库》是天子的藏书，但是天子中读书的人又有几个？搬运时使牛累得出汗，放置在家堆满屋子的书是富贵人家的书，但是富贵人家中读书的又有几个？其余像祖辈父辈积藏许多图书、子辈孙辈丢弃图书的情况就更不用说了。不只书籍是这样，天下的事物都是这样。不是那人自己的东西而勉强向别人借来，他一定会担心别人催着要回，就忧惧地摩挲抚弄那东西久久不停，心想：‘今天存放在这里，明天就要拿走了，我不能再看到它了。’如果这东西已经被我占有，必定会把它捆起来放在高处，收藏起来，说一句‘暂且等待日后再看’罢了。”

我小时候爱好读书，但是家里贫穷，难以得到书读。有个姓张的人收藏的书很多。我去借，他不借给我，回来以后在梦中还出现那种情形。求书的心情迫切到这种程度。所以只要有看过的书就认真深思并记住。做官以后，官俸花掉了，书籍买来了，一堆堆地装满书册。这样以后才慨叹借书的人用心专一，而自己少年时候的时光是多么值得珍惜啊！

现在姓黄的年轻人像我从前一样贫穷，他借书苦读也像我从前一样；只是我的书借给别人同别人共用和姓张的人吝惜自己的书籍好像不相同。既然这样，那么我本来不幸是遇到姓张，姓黄的年轻人本来幸运是遇到了我吧？懂得借到书的幸运和借不到书的不幸运，那么他读书一定会专心，并且他还书一定会很迅速。

写了这一篇借书说，让它同出借的书一起交给姓黄的年轻人。

本文围绕“借书”一事，夹叙夹议，层次清楚地阐明事理。一开始就提出了“书非借不能读”的观点，出人意料，引人深思，随后围绕着这个观点逐层展开阐述。首先，以帝王、富贵人家全都藏书丰富，却没有几个读书人，以及祖父辈尽心藏书而子孙辈随意毁弃书这几种常见的事实来作初步证明。其次，运用类比推理，以人们对借来的东西和属于自己的东西所采取的不同态度来说明这个论断是具有普遍意义的。作者从常见的现象中推究出其原因——“虑人逼取”，这种外来的压力，会化为鞭策自己的动力，有力地证明了“书非借不能读”的观点。再次，作者又拿自己年少时借书之难、读书用心之专和做官后有了大量的书籍却不再读书等切身经历，从正反两个方面作进一步的论证。最后，在上述分析说明的基础上，紧扣“借书”一事，指出黄生有幸而遇肯“公书”的人，勉励他应该珍惜机会，勤奋学习。

思考寄语

本文提出“书非借不能读也”的观点，旨在劝勉人们不要因为条件不利而却步不前，只要有志向、有决心，不利的条件反而可以催人奋进，取得成绩，也提醒人们不要因为条件优越而贪图安逸，养成不求进取的恶习，要珍惜时间，珍惜拥有的学习条件，好好学习。无论是何身份，是何职业，我们都应该保持对工作和行业的热情和兴趣，积极探索新的知识和领域。要敢于尝试新方法和新技术，不断挑战自己的思维和认知，这样才能在职场中保持创新与进取的精神。

14 核舟记

诵读主体

明有奇巧人曰王叔远，能以径寸之木，为宫室、器皿、人物，以至鸟兽、木石，罔不因势象形，各具情态。尝贻余核舟一，盖大苏泛赤壁云。

舟首尾长约八分有奇，高可二黍许。中轩敞者为舱，箬篷覆之。旁开小窗，左右各四，共八扇。启窗而观，雕栏相望焉。闭之，则右刻“山高月小，水落石出”，左刻“清风徐来，水波不兴”，石青糁之。

船头坐三人，中峨冠而多髯者为东坡，佛印居右，鲁直居左。苏、黄共阅一手卷。东坡右手执卷端，左手抚鲁直背。鲁直左手执卷末，右手指卷，如有所语。东坡现右足，鲁直现左足，各微侧，其两膝相比者，各隐卷底衣褶中。佛印绝类弥勒，袒胸露乳，矫首昂视，神情与苏、黄不属。卧右膝，诎右臂支船，而竖其左膝，左臂挂念珠倚之——珠可历历数也。

舟尾横卧一楫。楫左右舟子各一人。居右者椎髻仰面，左手倚一衡木，右手攀右趾，若啸呼状。居左者右手执蒲葵扇，左手抚炉，炉上有壶，其人视端容寂，若听茶声然。

其船背稍夷，则题名其上，文曰“天启壬戌秋日，虞山王毅叔远甫刻”，细若蚊足，钩画了了，其色墨。又用篆章一，文曰“初平山人”，其色丹。

通计一舟，为人五；为窗八；为箬篷，为楫，为炉，为壶，为手卷，为念珠各一；对联、题名并篆文，为字共三十有四。而计其长曾不盈寸。盖简桃核修狭者为之。嘻，技亦灵怪矣哉！

知人论世

魏学洢（约1596—约1625），字子敬，明末散文家，著有《茅檐集》。被清代人张潮收入《虞初新志》的《核舟记》，是其代表作。

中国古代的雕塑工艺发展到明代已经非常精湛，微雕工艺更是如此。明代民间微雕艺人王叔远雕刻了这艘核舟，并将之送给作者，作者惊叹其技艺高超，而作此文。

阅读鉴赏

译文：

明朝有一个技艺精巧的人名字叫王叔远，他能用直径一寸的木头，雕刻出宫殿、器具、人物，还有飞鸟、走兽、树木、石头，全部是按照材料原来的形状刻成各种事物的形象，各有各的神情姿态。他曾经送给我一个用桃核雕刻成的小船，刻的是苏轼乘船游赤壁的情境。

船头到船尾长八分多一点，大约有两个黄米粒那么高。中间高起而开敞的部分是船舱，用箬竹叶做的船篷覆盖着它。旁边有小窗，左右各四扇，一共八扇。打开窗户可以看到，雕刻着花纹的栏杆左右相对。关上窗户，右边刻着“山高月小，水落石出”，左边刻着“清风徐来，水波不兴”，用石青涂在字的凹处。

船头坐着三个人，中间戴着高高的帽子、胡须浓密的人是苏东坡（苏轼），佛印（苏轼的好友）位于右边，鲁直（黄庭坚）位于左边。苏东坡、鲁直共同看着一幅书画长卷。苏东坡右手拿着卷的右端，左手轻按在鲁直的背上。鲁直左手拿着卷的左端，右手指着手卷，好像在说些什么。苏东坡露出右脚，鲁直露出左脚，身子都略微侧斜，他们互相靠近的两膝，都被遮蔽在手卷下边的衣褶里。佛印极像佛教的弥勒菩萨，袒着胸脯，露出乳头，抬头仰望，神情和苏东坡、鲁直不相类似。佛印平放右膝，弯曲着右臂支撑在船上，竖着他的左膝，左臂上挂着一串念珠，靠在左膝上——念珠简直可以清清楚楚地数出来。

船尾横放着一支船桨。船桨的左、右两边各有一名撑船的人。

位于右边的撑船者梳着锥形发髻，仰着脸，左手倚在一根横木上，右手扳着右脚趾头，好像在大声呼喊。在左边的人右手拿着一把蒲葵扇，左手轻按着火炉，炉上有一个水壶，那个人的目光正视着茶炉，神色平静，好像在听茶水声音。

船的背面较平，作者在上面题上自己的名字，文字是“天启壬戌秋日，虞山王毅叔远甫刻”，笔画像蚊子的脚一样细小，清清楚楚，它的颜色是黑的。还刻着一枚篆书图章，文字是“初平山人”，它的颜色是红的。

总计一条船，刻了五个人；八扇窗户；用箬竹叶做的船篷、船桨、炉子、茶壶、手卷、念珠各一件；对联、题名和篆文，刻的字共计34个。可是计算它的长度，还不满一寸。原来是挑选长而窄的桃核雕刻而成的。哈哈，技艺也真是神奇啊！

本文所写的这件雕刻品，原材料是一个“长曾不盈寸”的桃核，却生动地再现了宋代文坛上的一个掌故——“大苏泛赤壁”。它构思精巧，形象逼真，展示了中国古代工艺美术的卓越成就。

文章采用“总一分一总”的结构模式，一开始向读者介绍民间雕刻艺人王叔远的精湛技艺，指出雕刻品“核舟”的主题。接着写作者经过细致的观察，准确地把握了这件雕刻品的各个细节，然后按一定的空间顺序描写了船的四个部分，分别为船舱、船头、船尾、船背。最后对核舟上雕刻的人、物、字进行统计，与开头相呼应，用赞誉王叔远鬼斧神工之绝技结束整篇文章，犹如一根丝线，串缀珠玉贝石而成整体。作者细腻而传神的描述引起了读者的想象，加深了读者对核舟的视觉印象，完成了它独特的审美功能。本文意境深邃，想象丰富，对比巧妙。核舟形体之小和人、物之多，神态之活和情态之细，动中有静和静中有动，文字浅显和意境深邃等，都形成了鲜明的对比，而在对比中显示出雕刻艺术的精湛和诗意美。

全文抒写了作者对核舟的喜爱，表达了作者对雕刻艺人王叔远技艺高超的赞叹，以及对中国古代民间艺术的赞美之情。

思考寄语

《核舟记》是说明性的“记”体文，雕刻者的“奇巧”技艺在文本中是显性的。细探核舟作品背后，是精益求精、守正创新、爱岗敬业的大国工匠精神。这种精神是劳动人民勤劳智慧的体现，是华夏儿女豁达乐观、热爱生活态度的体现，是中华民族自强不息、奋发向上意志的体现。在新时代，工匠精神同时也是文化自信的体现，更需要被传承、发展。

15 滥竽充数

诵读主体

齐宣王使人吹竽，必三百人。南郭处士请为王吹竽，宣王说之，廪食以数百人。宣王死，湣王立，好一一听之，处士逃。

知人论世

韩非（约前280—前233），战国末期著名思想家，法家代表人物，后世尊称其为韩非子或韩子。韩王（战国末期韩国君主）之子，荀子的学生。著有《韩非子》一书，共55篇，10万余字，在先秦诸散文中独树一帜。韩非积极倡导君主专制主义理论，目的是为专制君主提供富国强兵的思想。有《孤愤》《五蠹》《内储说》《外储说》《说林》《说难》等著作，全面、系统地阐述了他的法治思想。

韩非的朴素辩证法思想也比较突出。他提出了矛盾学说，用矛和盾的寓言故事，说明了“不可陷之盾与无不陷之矛，不可同世而立”的道理。

值得一提的是，《韩非子》一书中记载了大量脍炙人口的寓言故事，著名的有《自相矛盾》《守株待兔》《讳疾忌医》《滥竽充数》《老马识途》等。

这些生动的寓言故事，蕴含着深隽的哲理，通过思想性和艺术性的完美结合，给人们以智慧的启迪，具有较高的文学价值。

阅读鉴赏

译文：

齐宣王让人吹竽，一定要300人的合奏。南郭先生请求给齐宣王吹竽，宣王对此感到很高兴，让他和其他几百个人一样享受俸禄。齐宣王去世后，齐湣王继承王位，他喜欢一个一个地欣赏演奏，南郭先生听后便逃走了。

千百年来，滥竽充数这个故事一直被人们广为传诵。不会吹竽的南郭先生混在300人的乐队中装模作样地凑数，竟然可以得到赏赐，一旦要自己凭真实本领单独演奏时，南郭先生就只好逃之夭夭了。这个寓言比喻没有真才实学的人混在行家里面充数，或是用不好的东西混在好东西里面充数。南郭先生也成了滥竽充数者的代名词。这个寓言故事告诉我们，弄虚作假是经不住时间考验的，终究会露出马脚的，一个人如果像不会吹竽的南郭先生那样，没有真本事，只靠装样子吓唬人，在别人还不了解真相的时候，能够蒙混一阵子，但是总会有真相大白的一天。

思考寄语

这个寓言故事告诉我们：不真实的本领和缺乏职业精神会带来负面的后果。它强调了诚实、责任感和敬业精神在职业中的重要性。为保持职业声誉，从业者应诚实面对自身能力，不断提升，并热爱和执着自己的职业，以赢得他人的信任和尊重。

16 卖油翁

诵读主体

陈康肃公善射，当世无双，公亦以此自矜。尝射于家圃，有卖油翁释担而立，睨之久而不去。见其发矢十中八九，但微颔之。康肃问曰："汝亦知射乎？吾射不亦精乎？"翁曰："无他，但手熟尔。"康肃忿然曰："尔安敢轻吾射！"翁曰："以我酌油知之。"乃取一葫芦置于地，以钱覆其口，徐以杓酌油沥之，自钱孔入，而钱不湿。因曰："我亦无他，惟手熟尔。"康肃笑而遣之。

知人论世

欧阳修，（1007—1072），字永叔，号醉翁，晚号六一居士，吉州永丰（今江西省吉安市永丰县）人，北宋时期政治家、文学家、史学家和诗人，唐宋八大家之一。苏轼父子、曾巩、王安石皆出其门下。其创作实绩灿然可观，诗、词、散文均为一时之冠。其散文说理畅达，抒情委婉；其诗风与散文近似，重气势而能流畅自然；其词深婉清丽，承袭南唐余风。

阅读鉴赏

译文：

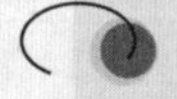
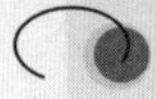
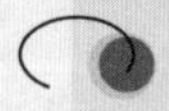

康肃公陈尧咨善于射箭，世上没有第二个人能跟他相媲美，他也凭借这种本领而自夸。曾经有一次，他在家里射箭的场地射箭，有个卖油的老翁放下担子，站在那里斜着眼睛看着他，很久都没有离开。卖油的老翁看他射十箭中了八九箭，只是微微点点头。陈尧咨问卖油翁："你也懂得射箭吗？我的箭法不是很高明吗？"卖油的老翁说："没有别的奥妙，不过是手法熟练罢了。"陈尧咨听后气愤地说："你怎么敢轻视我射箭的本领！"老翁说："凭我倒油的经验就可以懂得这个道理。"于是拿出一个葫芦放在地上，把一枚铜钱盖在葫芦口上，慢慢地用油杓舀油注入葫芦里，油从钱孔注入而钱却没有湿。于是说："我也没有别的奥妙，只不过是手熟练罢了。"陈尧咨笑着将他送走了。

《卖油翁》是《归田录》中的名篇，它用生动有趣的故事说明了"熟能生巧"这个被事实证明过千百次的道理。

整个故事突出"手熟"二字。所谓"手熟"，意思是说经过勤学苦练之后，手艺达到纯熟精巧的地步。故事中说到的酌油和射箭，本来是风马牛不相及的两件事，但是在需要"手熟"这一点上有相同之处。卖油翁和陈尧咨本来是在身份、地位、性格各方面都悬殊的两个人，但是在掌握"手熟"这一点上有相同之处。陈尧咨的盛气凌人、卖油翁的泰然自若，对照何等强烈，而"自钱孔入，而钱不湿"与"发矢十中八九"类比又是何等鲜明。故事以陈尧咨善射开头，而关键人物却是卖油翁，中心思想则是卖油翁一说再说的"手熟"。

《卖油翁》采用的是先秦寓言的写法，通过故事说明道理，但在叙述描写上注意对人物语言、动作、神情的刻画描写，简洁而清晰地勾勒出故事中两个不同身份人物的声音、神情、心理状态，反映出他们不同的性格特征。由于叙述生动传神，人物形象鲜明，所以寄寓的道理就显得亲切自然，易于为读者所接受。

思考寄语

《卖油翁》的故事除了告诉我们"熟能生巧""实践出真知""人外有人"的道理，还展示了工匠精神的精髓：专注、执着和精益求精。我们无论从事何种工作，都需要以工匠的心态去追求卓越，不断提高技艺水平。工匠精神不仅是技艺的磨炼，更是品质的坚守和追求。在现代社会，工匠精神尤为重要，它要求我们以专注和耐心追求卓越的品质，以满足人们日益增长的需求。同时，工匠精神也是一种传统文化，我们需要传承和弘扬这种优秀的传统文化，为社会的进步和发展作出贡献。

17 孔子学琴

诵读主体

孔子学鼓琴师襄子，十日不进。师襄子曰："可以益矣。"孔子曰："丘已习其曲矣，未得其数也。"有间，曰："已习其数，可以益矣。"孔子曰："丘未得其志也。"有间，曰："已习其志，可以益矣。"孔子曰："丘未得其为人也。"有间，有所穆然深思焉，有所怡然高望而远志焉。曰："丘得其为人，黯然而黑，几然而长，眼如望羊，如王四国，非文王其谁能为此也！"师襄子辟席再拜，曰："师盖云《文王操》也。"

知人论世

本文节选自《史记·鲁周公世家》。

周公，姬姓，名旦，是周文王姬昌第四子，周武王姬发的弟弟，曾两次辅佐周武王东伐纣王，并建立礼仪，创制音乐。因其采邑在周，爵为上公，故称周公。周公是西周初期杰出的政治家、军事家、思想家、教育家，被尊为"元圣"和儒学先驱。

阅读鉴赏

译文：

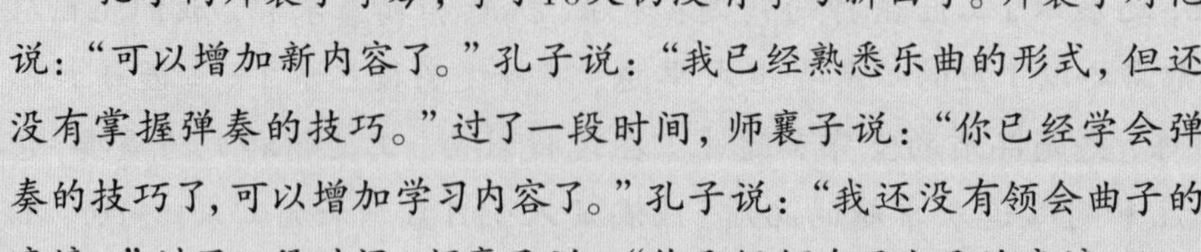

孔子向师襄子学琴，学了10天仍没有学习新曲子。师襄子对他说："可以增加新内容了。"孔子说："我已经熟悉乐曲的形式，但还没有掌握弹奏的技巧。"过了一段时间，师襄子说："你已经学会弹奏的技巧了，可以增加学习内容了。"孔子说："我还没有领会曲子的意境。"过了一段时间，师襄子说："你已经领会了曲子的意境，可以增加学习内容了。”孔子说：“我还不了解作曲人的形象。”又过了一段时间，孔子神情俨然，仿佛进入新的境界，时而神情庄重穆然，若有所思，时而怡然高望，志意深远。孔子说：“我知道作曲人是谁了，那人皮肤黝黑，体形颀长，目光明亮深邃，像个统治四方诸侯的王者，若不是周文王还有谁能撰作这首乐曲呢？”师襄子听到后，赶紧起身拜了两拜，回答道：“老琴师传授此曲时就是这样说的，这支曲子叫作《文王操》哇！”

文章语言朴实简练，人物形象鲜明，以孔子学琴为主线展开故事，凸显孔子拼搏进取、追求卓越的艺术形象。全文既有对孔子学琴的正面描写，又有从师襄的眼睛看孔子学琴的侧面描写，还有师襄神态的不断变化。本文先描述师襄对孔子学琴的表现不解，再写师襄看到孔子弹琴后的诚恳评价与肯定，接着写师襄愉悦地欣赏孔子弹琴，最后写师襄惊异于孔子琴艺的高超，由衷地佩服孔子。通过师襄对孔子学琴过程的看、问、听、赏的动作与语言的描写，让我们感受到孔子刻苦练习，技艺不断提高，达到炉火纯青境界的过程。

全文线索明晰，层次清楚。按照时间的顺序，写了孔子学琴的四个阶段，即学会曲谱—掌握技巧—弹出思想—曲中识人，情节环环相扣、步步深入，使故事既连贯又紧凑，让我们在阅读故事过程中感受到孔子孜孜以求的学习态度与进取的精神，从而产生深深的敬意，受到感染与教育。

思考寄语

我们从“孔子学琴”的典故中可以看出孔子具有探求真理的精神和锲而不舍的韧劲，所以才能掌握曲中意境，触摸作者内心。此典故告诫人们，学习须崇尚孜孜不倦、纵深推进的品格，涵养不辞艰辛、含英咀华的理念，于深挖细探中巩固升华、强化认知。理论学习更要有“孔子学琴”式的钻研，否则只会流于表面形式，难以触及底蕴与内涵。

18 墨池记

诵读主体

临川之城东，有地隐然而高，以临于溪，曰新城。新城之上，有池洼然而方以长，曰王羲之之墨池者，荀伯子《临川记》云也。羲之尝慕张芝，临池学书，池水尽黑，此为其故迹，岂信然邪？

方羲之之不可强以仕，而尝极东方，出沧海，以娱其意于山水之间。岂有徜徉肆恣，而又尝自休于此邪？羲之之书晚乃善，则其所能，盖亦以精力自致者，非天成也。然后世未有能及者，岂其学不如彼邪？则学固岂可以少哉！况欲深造道德者邪？

墨池之上，今为州学舍。教授王君盛恐其不章也，书“晋王右军墨池”之六字于楹间以揭之。又告于巩曰：“愿有记。”推王君之心，岂爱人之善，虽一能不以废，而因以及乎其迹邪？其亦欲推其事，以勉其学者邪？夫人之有一能，而使后人尚之如此，况仁人庄士之遗风余思，被于来世者何如哉！

庆历八年九月十二日，曾巩记。

知人论世

曾巩（1019—1083），字子固，江西抚州南丰人，出生于建昌南丰（今江西南丰），后居临川，北宋文学家、史学家、政治家。曾巩为政廉洁奉公，勤于政事，关心民生疾苦，与曾肇、曾布、曾纡、曾纮、曾协、曾敦并称“南丰七曾”。曾巩文学成就突出，其文“古雅、平正、冲和”，位列“唐宋八大家”，世称“南丰先生”。

《墨池记》是曾巩创作的一篇散文。本文从传说中王羲之墨池遗迹入笔，巧妙机智地借题发挥，撇下“墨池”之真假不着一言，而是重点论及王羲之本人，说明王羲之的成功取决于其后天的不懈努力，顺理成章地强调了学习的重要性。全文通过记叙、议论的交替出现，展示出不断起伏的层层波澜，突出主题，实为一篇文情并茂、议论风生、结构严谨而又笔法活脱的优秀作品。

阅读鉴赏

译文：

临川郡城的东面，有一块地微微高起，并且靠近溪流，叫作新城。新城上面，有个池子低洼呈长方形，说是王羲之的墨池，这是荀伯子《临川记》里说的。羲之曾经仰慕张芝“临池学书，池水尽黑”的精神，（现在说）这是羲之的（墨池）遗址，难道是真的吗？

当羲之不愿勉强做官时，曾经游遍东方，出游东海，在山水之间使他的心情快乐。莫非他在尽情游览时，曾在这里停留过？羲之的书法，到晚年才特别好。那么他能达到这个水平，大概也是靠他自己的精神和毅力取得的，并不是天生的。但是后代没有能够赶上他的人，是不是后人学习下的功夫不如他呢？那么学习的功夫难道可以少下吗？何况想在道德修养上深造的人呢？

墨池的旁边，现在是抚州州学的校舍，教授王盛先生担心墨池的事迹不显著，写了“晋王右军墨池”六个字挂在屋前两柱之间，又请求我说：“希望有一篇（墨池）记。”推测王先生的用心，是不是喜爱别人的优点，即使是一技之长也不让它埋没，因而推广到王羲之的遗迹呢？莫非也想推广王羲之的事迹来勉励那些学员吧？一个人有一技之长，就能使后人像这样尊重他；何况那些品德高尚、行为端庄的人，遗留下来令人思慕的美好风范，对于后世的影响那就更不用说了！

庆历八年九月十二日，曾巩作记。

《墨池记》是曾巩应抚州州学教授王盛之请而写的，是曾巩的一篇流传很广的作品。文章从传说中王羲之墨池遗迹入笔，寥寥数语，就将墨池的地理位置及来历交代得清楚明白，饶有生趣。王盛题“晋王右军墨池”六字，并盛情邀约曾巩作记，就是为了借助贤人的名声和遗迹，提升本土人文景观的知名度，弘扬本土文化意蕴。但是，曾巩巧妙机智地借题发挥，撇下“墨池”之真假不着一言，而是重点论及王羲之本人，说明王羲之的成功取决于其后天的不懈努力，从而顺理成章地强调了学习的重要性。学习技艺尚且如此，提高个人的道德修养更应如此。

文章中所说“深造道德”“仁人庄士之遗风余思”等，体现了作者注重儒家道统的思想。文章也体现了作者讲求行文布局，叙事条理清楚的特点。首段叙述墨池的处所、形状和来历，可谓简而明。接着发议论，先用揣测的语气含糊认可“故迹”，略记墨池的处所、形状以后，把笔锋转向探讨王羲之成功的原因，从“羲之之书晚乃善”的事实，说明一种技能的成功是“以精力自致”的，进而提出“深造道德”更需努力。最后说明写作缘由，并借“推王君之心”提出“勉其学者”学习“仁人庄士”的写作目的。谈书法是“题中”之意，而谈“道德”、谈“仁人庄士之遗风”永垂后世，则属“题外”之意。全篇因物引人，由人喻理，又据理诲人，逐层深入，说理透辟而态度温和，颇见长者开导后生的儒雅气度。文章一面叙事，一面议论。借事立论，因小见大，言近旨远，十分切题。文中用了不少设问句，而实际意思是在肯定，因此话说得委婉含蓄，能引人深思。

思考寄语

勤学苦练是技能提升的关键，实践锻炼不可或缺。专注、坚持和创新精神对于学习至关重要。职业学校的学生若能融合这些品质，那么未来职业发展必将前途广阔、大有可为。

19 梓庆为鐻

诵读主体

梓庆削木为鐻，鐻成，见者惊犹鬼神。鲁侯见而问焉，曰："子何术以为焉？"对曰："臣工人，何术之有？虽然，有一焉。臣将为鐻，未尝敢以耗气也，必齐以静心。齐三日，而不敢怀庆赏爵禄；齐五日，不敢怀非誉巧拙；齐七日，辄然忘吾有四肢形体也。当是时也，无公朝，其巧专而外滑消。然后入山林，观天性；形躯至矣，然后成见鐻，然后加手焉；不然则已。则以天合天。器之所以疑神者，其由是与！"

知人论世

庄子（约前369—前286），庄氏，名周，字子休（一作子沐），蒙（今安徽蒙城，又说河南商丘、山东东明）人。先秦（战国）时期伟大的思想家、哲学家、文学家。

庄子原系楚国公族，楚庄王后裔，后因战乱迁至宋国，是道家学说的主要创始人之一，与道家始祖老子并称为"老庄"。他们的哲学思想体系被思想学术界尊为"老庄哲学"，然庄子文采更胜老子。其代表作《庄子》被尊崇者演绎出多种版本，名篇有《逍遥游》《齐物论》等。主张"天人合一"和"清静无为"。

庄子的想象力极其丰富，语言运用自如，灵活多变，能把一些微妙难言的哲理说得引人入胜。他的作品被人称为"文学的哲学，哲学的文学"。据传，庄子曾隐居南华山，故唐玄宗天宝初，诏封庄周为"南华真人"，称其著书《庄子》为《南华真经》。

阅读鉴赏

译文：

梓庆能削刻木头做鐻，鐻做成以后，看见的人无不惊叹好像是鬼斧神工。鲁侯见到便问他，说："你用什么办法做成的呢？"梓庆回答道："我是个做工的人，会有什么特别高明的技术？虽说如此，我还是有一种本事。我准备做鐻时，从不敢随便耗费精神，必定斋戒来静养心思。斋戒三天，不再怀有庆贺、赏赐、获取爵位和俸禄的思想；斋戒五天，不再心存非议、夸誉、技巧或笨拙的杂念；斋戒七天，已不为外物所动，仿佛忘掉了自己的四肢和形体。正当这个时候，我的眼里已不存在公室和朝廷，智巧专一，外界的扰乱全都消失。然后我便进入山林，观察各种木料的质地；选择好外形与体态最与鐻相合的，这时一个现成的鐻的形象便呈现于我的眼前，然后动手加工制作；不是这样我就停止不做。这就是用我木工的纯真本性融合木料的自然天性，制成的器物疑为鬼斧神工的原因，恐怕也就出于这一点吧！"

这则小品写一位专技者梓庆的精修用心的过程，以喻与自然为一的道理。梓庆回答鲁侯的话是本文的重点，有转折，有波澜，生动自然，很有感染力。梓庆先说："我哪有什么技术？"故意曲折作笔，以蓄文势，然后层层递推，一泻千里，将道理阐述得清晰透彻。为鐻之前，不敢"耗气"，要斋戒以静其心，使精神专一。"斋三日""斋五日""斋七日"几句徘比，一层比一层深入，最后达到"忘吾有四肢形体"的高妙境界，真所谓远尘俗，忘形骸，超然物外！古人云："太上忘情。"世间的荣衰宠辱已不在心中，外界的扰乱也不能起作用，这样才可能有所作为。下面连用三个"然后"，如急管繁弦，将文章推向高潮。"不然则已"一句，劈空而下，斩截干脆，引出"以人的自然来适合物的自然"的主题。庄子的文章不仅文采斐然，思想性也非常强，在他的语言中往往可以发掘丰富的教育意义。《庄子·天下》篇自评其文为"独与天地精神往来"，应该说不是夸饰之词。

思考寄语

梓庆专注热爱，静心观察木材天性，以实践为基础，追求精益求精和创新，制作出鬼斧神工的鐻。这告诉我们，应实践导向，培养专注、热爱、精益求精和创新精神，不断进步，成为有用之才。

20 小窗幽记·立业与修德

诵读主体

立业建功，事事要从实地着脚；
若少慕声闻，便成伪果。
讲道修德，念念要从虚处立基；
若稍计功效，便落尘情。

知人论世

《小窗幽记》是一本关于修身养性、为人处世的生活哲理小品集，其作者为明末文学家、书画家陈继儒。

陈继儒（1558—1639），字仲醇，号眉公，华亭（今上海松江）人。他聪颖好学、博学多才，在当时享有盛誉，备受人们推崇。据《明史·陈继儒传》记载："王世贞亦雅重继儒，三吴名下士争欲得为师友""或刺取琐言僻事，诠次成书，远近竞相购写。征请诗文者无虚日。性喜奖掖士类，屦常满户外，片言酬应，莫不当意去"。连当时的名人黄道周也上疏称："志尚高雅，博学多通，不如继儒。"陈继儒一生著述甚丰，有《陈眉公全集》传世，另辑有《国朝名公诗选》《宝颜堂秘笈》，都是珍贵的文化遗产。

《小窗幽记》是影响深远的名作，问世300多年来，被广泛流传，深得读者钟爱。《小窗幽记》是一部生活指南，它从日常起居到交朋友，从读书治学到为官执政，从为人处世到建功立业，从修身养性到安身立命，都为人指点迷津；它还教人如何正确对待工作和休息、贫贱和富有、得失和成败、生老和病死、功名和祸福等，劝人保持平和的心态、正直的人格，以追求清静的生活和质朴的人生。《小窗幽记》蕴含了深刻的人生哲理，篇篇都是至理名言，闪耀着哲学光辉，充满着思辨色彩。总之，《小窗幽记》能让人们在美的享受中获得生活的启迪，感受到生命的真实存在。

阅读鉴赏

译文：

建造功名创立事业，必须每件事都要脚踏实地埋头苦干；如果稍有追慕声名的念头，便会使成果变得虚假不实。

探究道理，修养品德，每个念头都必须从每一安身立命之处着力；如果稍有计较功效的念头，便会落入世俗的尘垢。

《小窗幽记》的这段文字，以沉稳而深刻的笔触，向我们传达了关于“立业建功”与“讲道修德”的智慧。在追求事业成功的道路上，应当脚踏实地，每一步都应从实际出发，以实事求是、务求实效的精神去迎接每一个挑战。

我们不应被表面的声誉和浮夸的成就所迷惑，因为这些都是建立在不实之基上的伪果。真正的成功，是源于内心的坚韧和外在的扎实努力，是对每一个细节的精心打磨，是对每一次失败的不懈坚持。只有这样，我们才能在风雨中屹立不倒，创造出经得起时间考验的卓越成就。而在追求道德修养的过程中，我们需要的是内心深处的纯净与真诚。我们应该始终秉持一颗正直无私的心，从生活的每一个细节中培养自己的道德情操。我们不应过分计较表面的功德和成就，因为这些只是道德修养的外在表现，而非其本质。真正的道德修养，是源于内心的善良和正直，是对自我的不断超越和对世界的无私奉献。

因此，这段文字告诫我们，无论是在事业上，还是在道德上，我们都应该保持一颗谦虚、务实的心，从基础做起，注重实际效果

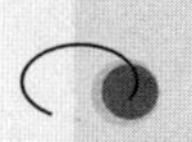

和成果。只有这样，我们才能在人生的道路上不断前行，不断提高自己的境界和水平，创造出真正有价值的成果。

思考寄语

在学习中，我们应秉持严谨、稳重的态度，注重培养自己的实际技能和实践能力。理论知识的灌输固然重要，但更需注重专业技能操作与实际应用。只有脚踏实地，才能真正提升自身的职业素养，为未来的职业生涯奠定坚实基础。

此外，道德素质培养，诚信、责任心、团队精神等品质，同样对我们的职业发展具有重要意义。我们应以实际技能培养为核心，同时注重自身的道德素质提升。唯有如此，我们才能成为既具备实际能力又具有良好素质的优秀人才，为社会的发展贡献积极力量。